Recupera tu vida

Depresión: síntomas y claves
para combatirla aquí y ahora

Iván Salvaterra

Ediciones Afrodita

Temario:

Capítulo 1
Las claves de la felicidad

La felicidad es la base fundamental que influye en la calidad de vida. ¿Alguna vez has visto a alguien que viva en una casa pequeña y tenga un automóvil más viejo? Puede que no sean ricos en términos de cosas materiales, pero son más que ricos en felicidad.

Todos pasamos por cosas en la vida que desearíamos no tener que pasar. Esto puede cambiar cómo nos sentimos y nuestra perspectiva. Sin embargo, tienes la opción de vivir una vida miserable o ser feliz. Eres el único que tiene el control de eso. Puede haber muchas variables en la vida que no puedas controlar, pero tu felicidad nunca debería estar en manos de otra persona.

Una de las mayores barreras para la verdadera felicidad es que vivimos en una sociedad que tiende a animarnos a redimirnos con bienes materiales. Luego comparamos lo que tenemos con lo que tienen los demás a nuestro alrededor. Si tienen más, entonces podemos sentir que somos menos que ellos. Esto realmente puede influir en el nivel de felicidad que se experimenta.

Estar demasiado ocupado también puede hacer que la felicidad quede relegada a un segundo plano. Si siempre estás trabajando y haciendo mandados, entonces no tienes tiempo para ti y para disfrutar de la vida. Reduce la velocidad y concéntrate en lo que realmente te importa. No hay razón para trabajar sin parar o para encargarse de todo por tu cuenta.

La comunicación es importante para que ocurra la verdadera felicidad. Si no compartes con los demás lo que quieres o lo que no vas a tolerar, ellos no lo sabrán. Nunca te disculpes por establecer algunas reglas básicas para las relaciones para que puedas ser feliz.

Antes de que puedas disfrutar de la vida plenamente, debes pensar en lo que significa la felicidad para ti. Lo que implique para ti puede ser muy diferente de lo que significa para la siguiente persona. Una vez que tengas eso identificado, puedes trabajar para mejorar la administración del tiempo, la comunicación y el cambio que te permitirá realmente lograrlo. Las percepciones pueden impedirte ser feliz, así que asegúrate de no ser tú el peor enemigo.

Puedes estar diciendo que no puedes hacer mucho por las personas quejosas que te rodean. Si bien eso es cierto, hasta cierto punto, tampoco puedes permitir que la negatividad de ellos te arrastre a su nivel. Necesitas ser feliz con la persona que ves en el espejo y en la que crees que eres.

No es posible ser feliz todo el tiempo, pero puedes serlo la mayor parte del tiempo. También puedes usar tu felicidad para ayudarte a superar los momentos más difíciles de la vida. A medida que leas aquí, puedes identificar algunas trampas que te han estado frenando.

También puedes empoderarte con ideas y conceptos fáciles de implementar en tu rutina diaria. Al hacerlo, pronto se convertirán en un hábito y en algo normal de todos los días.

Estar en el asiento del conductor cuando se trata de tu felicidad es importante. No puedes simplemente relajarte y esperar que suceda. ¡Los días se convierten en semanas, meses y años! ¿Quieres pasarlos sintiéndote como lo haces ahora o quieres pasarlos viviendo la vida al máximo?

La calidad de tus relaciones con la familia, los amigos, los compañeros de trabajo y, en general, también influye en tu grado de felicidad. Es hora de echar un buen vistazo a esas relaciones y ver cuán reflexivas son. Tus relaciones deberían ayudarte a sentirte seguro y satisfecho. Si te sientes ansioso, triste o enojado con frecuencia con ellos, entonces debe cambiarlos.

Los estudios muestran que las personas felices tienden a tener mejores resultados en todas las áreas de su vida. Se enferman con menos frecuencia. Suelen tener menos problemas con los niños o con el divorcio, por ejemplo. También tienden a progresar en sus trabajos, porque su jefe los percibe como que están contentos de estar allí.

Puedes hacer cambios en tu vida que promuevan tu felicidad ahora. No importa dónde vivas, tu sexo, cuánto dinero ganes o qué edad tengas. Nunca es demasiado tarde para sentirte feliz y disfrutar realmente de la vida. Estas claves de la felicidad te ayudarán a estar en el camino para hacer realidad cualquier meta que añores.

Pensamiento positivo

Si bien, lo abordaremos con más profundidad en el capítulo 3, vale aclarar de entrada algunos conceptos.

Los pensamientos negativos pueden hacernos percibir problemas que realmente no existen a nuestro alrededor. La negatividad puede hacer que nos preocupemos y quitarnos la felicidad. Sin embargo, el problema es que muchas personas no se dan cuenta de lo negativas que se han vuelto. Puede ser un hábito tal que lo ignoren.

Otra parte de ese problema es que puedes estar rodeado de personas negativas todo el tiempo. Pueden agotar tu energía si no tienes cuidado. Necesitarás hacer algunos cambios en torno a ese tipo de personas para ayudarte a avanzar y ser feliz.

Quizás te digas que no puedes ayudar a la persona que trabaja contigo. Tal vez la señora del escritorio junto a ti no haga más que quejarse. Puede reducirte de una persona feliz y sonriente por la mañana, a estar de mal humor y desear que sea hora de irte a casa.

No puedes cambiar a otras personas y su forma de pensar, pero puedes reducir la forma en que dejas que te afecte. Cuando la negatividad está presente, parece arruinar toda la atmósfera circundante. Puedes dejar que siga haciéndolo o puedes mejorarlo y ser feliz a pesar de lo que digan los demás.

Una de las formas más fáciles y efectivas de lograr que las personas dejen de ser tan negativas es preguntarles cómo pueden cambiarlo. Por ejemplo, si estás escuchando a alguien quejarse de otra persona, dile cortésmente que necesita hablar con esa persona al respecto.

Si alguien se queja de que no entiende una tarea de la escuela, dile que debe hablar con el instructor al respecto. Cuando haya una queja sobre algo, pregunta qué pueden hacer para mejorarlo. Todas estas opciones son muy simples por tu parte. Sin embargo, detendrá en seco a esas personas negativas. Dejarán de ser así a tu alrededor.

Optimista

Presta mucha atención a cómo reaccionas ante las cosas. Si sientes que eres negativo con ellas, cámbialo. Concéntrate en ser optimista para que puedas sentirse bien. Es posible que al principio te sorprenda el darte cuenta de la cantidad de veces que los pensamientos negativos vienen a tu mente.

Sin embargo, el objetivo será convertirlos en algo positivo cada vez. Con el tiempo, te descubrirás que experimentas pensamientos negativos con menos frecuencia. También revelarás que adquiriste el hábito de ser automáticamente optimista. Con el tiempo, el optimismo se convertirá en una gran parte de quién eres y de tu vigía por la vida.

Cuenta tus bendiciones

Cuando empieces a deprimirte, piensa en todas las bendiciones que tienes en tu vida. Tómate un momento cada mañana para sumar las pequeñas cosas que te traerán alegría ese día. Tal vez puedas conocer a alguien nuevo para una cita esa noche. Quizás vayas a disfrutar de un almuerzo con un viejo amigo.

Antes de irte a la cama por la noche, piense en las pequeñas y grandes cosas que ocurrieron y que hicieron que tu día fuera bueno. ¿Tuviste algo de tiempo libre para leer un libro que te gustó? ¿Pudiste sacar a pasear al perro y jugar un rato en el parque? ¡Estas son las pequeñas cosas de la vida que realmente nos hacen felices!

Estar agradecidos

Si tu forma de pensar es sobre lo que quieres y lo que no obtuviste, siempre te sentirás decepcionado. Cuando tu mentalidad te permite estar agradecido, puedes superar los momentos difíciles. También serás feliz porque te das cuenta de la satisfacción que proviene de las cosas simples de tu vida.

Se amable

Sonreír es una de las mejores formas de sentirte más feliz de lo que te sientes ahora. Cuando sonríes, los demás te sonreirán. Te verán como alguien a quien pueden acercarse. Se sentirán cómodos alrededor. Ser amable no es difícil, es una elección.

Mantén la puerta abierta para alguien en lugar de apresurarte a ocuparte de tus compras. Permite que otra persona vaya primero en una parada de cuatro vías cuando nadie esté segura de quién debe ir a continuación.

Lo más importante es ser amable contigo mismo. Piensa en todas las formas positivas en las que te ha ido bien en el trabajo, en casa y para los demás ese día. No te concentres en las cosas que no salieron como deseabas o en la lista de tareas que parece no terminar nunca.

Las puertas se abren y se cierran

Es posible que la vida no siempre vaya de acuerdo con tus planes. Quizás solicitaste un trabajo que realmente deseabas y no te contrataron. Sin embargo, eso significa que se te abrirá otra puerta. No cierres los ojos a esto o puedes perderte las mejores cosas que vendrán pronto.

Busca siempre lo bueno en cada situación. No importa lo terrible que pueda parecer, siempre hay algo por lo que alegrarse. Cuando miras las cosas desde ese punto de vista, estarás capacitado mentalmente. Sabrás que, independientemente de lo que la vida te lance, vas a ser capaz de superarlo. Cuando miras la vida desde esa perspectiva, también apreciarás las cosas buenas cuando sucedan.

Visualizar

Al cerrar los ojos, puedes dedicar un tiempo a imaginar lo que se necesitas para ser feliz. Centrarse en el resultado que se desarrollará es una excelente manera para empezar bien el día. También puede ser una manera maravillosa de quedarte dormido por la noche. Cuando imaginas lo que realmente quieres, puedes ayudar a que suceda.

Durante estos episodios de visualización, piensa en cómo te SIENTES durante ellos. ¿Estás feliz? ¿Por qué eres feliz en ellos? Eso es en lo que deberías concentrarte. Podría deberse a dónde te encuentras o con quién estás lo que marca la diferencia para ti.

No temas a los errores

Todos cometemos errores, así que no creas que eres el único. Si no tomas algunos riesgos de vez en cuando, no cometerás errores. Sin embargo, tampoco lograrás el nivel de felicidad que deseas. Puedes salir lastimado, pero también puedes obtener el mejor escenario posible.

Si no te arriesgas, quedarás congelado justo donde te encuentras. También terminarás lamentando "qué pasaría si" y esos son los que pueden quitarte la felicidad.

Esto no significa que actúes descuidadamente y luego ignores el hecho de que se cometió un error. En cambio, significa que haces lo mejor que puedes. Significa que aprendes de tus errores y continúas manteniendo la cabeza en alto. También significa que tienes la autoestima de saber que lo diste todo.

Rodéate de buena gente

Si pasas tiempo con gente positiva, también serás positivo. Habrá mucha menos negatividad en tu vida. Hay muchas cosas que puedes hacer para asegurarte de tener relaciones de calidad. Con demasiada frecuencia, la gente intenta tener tantos amigos como sea posible. Les encanta la idea de agradarles a la gente.

Como dice el refrán, es mejor tener 4 cuartos que 100 centavos. En pocas palabras, lo que importa es la calidad de la empresa que mantienes, no su volumen. Rodéate de aquellos que amas, en los que confías y con los que te sientes cómodo. Deberías poder hablar con ellos y sentir que te apoyan.

Comunicación

Una de las cosas que te ayudará a crear relaciones más felices es una mejor comunicación. Escucha más de lo que hables y te sorprenderá de cómo te sientes. Todos somos únicos con diferentes puntos de vista. No vamos a estar de acuerdo con aquellos a quienes amamos todo el tiempo, pero también podemos ser respetuosos con esas diferencias.

No hagas suposiciones ni permitas que los conceptos erróneos obstaculicen tus relaciones. Se abierto y honesto acerca de quién eres y lo que quieres.

Di la verdad, incluso cuando sea difícil y serás una persona más feliz. No te sentirás lleno de culpa ni te preocuparás de que algún día la verdad salga a la luz.

Conoce a la gente

No dudes en conocer gente nueva. Puedes hacerlo a través de las actividades de tus hijos, tus pasatiempos o simplemente pasando tiempo caminando por tu vecindario. Se parte de lo que sucede en tu comunidad y podrás conocer gente. Si notas que alguien en el trabajo es positivo y parece una buena persona, tómate el tiempo para conocerlo.

Haz un esfuerzo

Las relaciones necesitan tiempo para desarrollarse. No te apresures a pasar de una reunión a algo muy profundo. Dale tiempo a la relación para que crezca y florezca. No seas un alhelí que espera que otros se te acerquen. Esfuérzate por sonreír y ser amigable.

La gente no siempre recordará lo que les dices. Con eso en mente, no pierdas demasiado tiempo ansioso por qué decir. Lo que la gente recordará es cómo les hiciste sentir. Si te esfuerzas por demostrarles que eres divertido, positivo y feliz, se sentirán atraídos hacia ti como un imán.

El contacto personal es importante

Si bien las redes sociales son divertidas, han cambiado la forma en que las personas interactúan. Ser feliz todavía implica algún contacto personal. Al enviar un correo electrónico o un texto, es una acción simple y conveniente, pero no confíes en el otro todo el tiempo. Levanta el teléfono y llámalo para que puedas escuchar su voz.

Envíale a alguien una nota de agradecimiento escrita a mano y realmente alegrará su día. Programa tiempo para almorzar con un amigo o dar un paseo por el parque con alguien para que puedan ponerse al día. Serás más feliz si mantienes ese contacto personal en tu rutina diaria.

Pedir ayuda

Habrá momentos en que la vida no sea lo que habíamos planeado. Cuando te encuentres en una situación difícil, pide ayuda. Puedes confiar en amigos y familiares para superar esos momentos difíciles. Es posible que tengan soluciones en las que no pensaste. También pueden alentarte a lo largo del camino para ayudarte a mantenerte positivo.

Si crees que tienes que llevar el peso del mundo sobre tus hombros, no es así. Cada quien es dueño y forjador de su vida, nacemos solos y morimos del mismo modo. Nadie puede recorrer el camino por ti, pero puedes y otros también pueden estar allí para caminar contigo y viceversa.

Dar ayuda

Sé un buen amigo y un buen miembro de la familia también. No te limites a contactar a otros cuando necesites ayuda. Estate dispuesto a corresponder ofreciendo tu ayuda cuando la pidan. Dependiendo de las circunstancias, es posible que puedas ofrecer consuelo, consejos o hacer algo positivo por ellos sin que te lo pidan.

Cortar a las personas negativas

Una de las partes más difíciles de ser feliz, rodeándote de buenas personas, es dejar ir a las que te causan negatividad. El hecho de que alguien haya estado en tu vida durante mucho tiempo no significa que merezca estar allí. Si estás involucrado en relaciones íntimas, tienes amigos o familiares, o simplemente sientes que alguien se está aprovechando, entonces necesitas romper esos lazos.

Puede ser muy difícil de hacer, pero será un paso hacia la felicidad del que estarás muy orgulloso de haber dado. Con la familia, puede ser difícil eliminarlos por completo. Sin embargo, puedes comenzar a distanciarte y establecer algunas reglas básicas. Lo mismo ocurre con los compañeros de trabajo con los que no sientes que tengas una relación de calidad.

Asesoramiento

Si tienes dificultades para crear relaciones de calidad, es posible que debas buscar ayuda profesional. A través de la consejería, puedes identificar las barreras que podrían estar impidiendo la verdadera felicidad en las relaciones. Quizás haya problemas de confianza u otros factores de los que no estés plenamente consciente.

Aprende a decir no

Tiene que haber un equilibrio en tu vida para que seas feliz. Todos tenemos la misma cantidad de tiempo en un día para trabajar y para otras actividades. Si tu horario es demasiado completo, no te sentirás feliz. Sin embargo, es posible que sientas que tienes que decir que sí a todo lo que se te presente.

¡Aprender a decir que NO te hará mucho bien! Puede requerir algo de práctica, pero el truco es asegurarte de no dejar que la culpa te afecte. Esto no significa que nunca contribuyas y ayudes con nada. Sin embargo, significa que dejas tiempo para descansar, para divertirte y para tus otros compromisos.

Participa en actividades que signifiquen algo para ti

Cuando se te pida que participes en un evento, piensa cómo te sentirás al respecto. Si la actividad es algo significativa para ti, colabora. Por ejemplo, si se te pide que ayudes con una recaudación de fondos para la comunidad que podría ser muy querida para tu corazón.

Cuando la actividad es algo que te interesa, estarás motivado para continuar con ella. También obtendrás una gran satisfacción personal de cómo has contribuido a esa causa. Hacerlo te ayudará a sentirte muy feliz.

Agenda diaria

Una forma de recuperar tu tiempo es crear una agenda diaria. Marca segmentos de tiempo en esa agenda cada día. A menos que se presente una emergencia, no sientas que el tiempo se acaba con nada más. Si se te pide que ayudes con algo con lo que realmente no quieres comprometerte debido a la falta de tiempo u otras razones, habla.

No es necesaria ninguna explicación

La razón más común por la que las personas se niegan a decir NO es porque no tienen una buena explicación. Aquellos que te están preguntando pueden ser muy buenos para que les respondan con un SÍ. Por ejemplo, pueden hacerte sentir culpable por no participar en lo que te piden.

Otros intentarán halagarte para que respondas que lo harás. Por ejemplo, pueden decir que eres muy creativo y por eso les gustaría que estuvieras a cargo del marketing de la recaudación de fondos.

No tienes que dar una explicación cuando se trata de decir que NO. Dilo cortésmente, agradéceles por preguntarte y luego mantente firme con tu NO como respuesta. No tienes que dar ninguna razón sobre por qué no puedes participar en lo que te están pidiendo.

Mentalidad complaciente de la gente

Parte de la razón por la que es difícil decir que NO es que tendemos a tener una mentalidad de complacer a la gente. Queremos agradar y, a menudo, asumimos que decir que SÍ lo fomentará. Puede que, en algunos escenarios, pero tienes que trazar una línea. Si te empujan en todas direcciones, no te sentirás feliz.

No podrás dedicar suficiente tiempo al descanso, al trabajo y a todos tus compromisos. En cambio, te sientes resentido por lo que te has comprometido. Puedes completarlo, pero no lo disfrutarás. Cuando termines ese proyecto, te sentirás más aliviado que feliz.

Se claro

No seas evasivo acerca de por qué estás diciendo que no. No les des idea de que estás pensando en ello o de que puedes ceder. Simplemente di que ya estás asumiendo demasiado y que te has hecho una promesa a ti mismo de no asumir nada nuevo en este momento.

Deberían tener el suficiente respeto por ti como para tomar eso como un no final. Si alguien trata de continuar persistiendo, deberías caer en esa categoría de personas que debes pensar en eliminar de tu vida. Pueden agotar tu energía y evitar que seas tan feliz como podrías serlo.

Haz tiempo para ti

Libera tiempo en tu vida diaria solo para ti. Puede ser el momento de disfrutar de un café en el porche o de leer un par de capítulos de un libro. Nunca te sientas culpable por hacer tiempo solo para ti. Puede haber muchos roles que desempeñes, incluidos cónyuge, padre/madre o empleado.

Sin embargo, eso no significa que debas perder de vista tus propias necesidades y tus propios deseos. Cuando eso sucede, puedes comenzar a sentirte robótico en lo que haces y en las acciones que realizas. Es posible que sientas que no te estás dando cuenta de todo tu potencial.

Confía en tus instintos

Cuando se trata de hacer lo que te hace feliz, sigue tu instinto. Siempre que lo que hagas no dañe a los demás ni dañe tu bienestar general, participa en ello. Siempre me ha gustado la música en vivo, así que voy a muchos conciertos. Mucha gente piensa que soy demasiado mayor para eso o que debería ahorrar mi dinero.

Sin embargo, es lo que me hace muy feliz. Durante esas pocas horas, nada más importa. Puedo dejar ir el estrés, no preocuparme por las cosas en casa y simplemente disfrutar del espectáculo. También he hecho algunos amigos maravillosos que comparten el mismo amor por la música. Con algunos de ellos me reúno con regularidad.

A otros, solo puedo verlos en un concierto, así que es aún más especial cuando tengo tiempo con ellos. Sabes mejor que nadie qué es lo que te hará feliz. Piensa en cómo te sentirías si no participaras en esas actividades. Si eliminarlos reduciría tu nivel de felicidad, continúa participando en ellos. No todos lo entenderán, pero dedicar ese tiempo a lo que disfrutas es para ti, no para ellos.

Posee quien eres

No pongas excusas para dedicar tiempo a lo que te gusta hacer. Sé dueño de quién eres y de lo que disfrutas. Tu personalidad debe reflejar lo que te gusta tomar tiempo para hacer. Los hombres parecen tener más dificultades que las mujeres con esto, especialmente si lo que disfrutan hacer no siempre se considera masculino.

Por ejemplo, una vez trabajé con un chico al que le gustaba hornear. Le encantaba probar nuevas recetas en su tiempo libre. Sin embargo, dudaba mucho en decirle a la gente lo que le gustaba hacer. Cuando traía pasteles a la oficina, la gente comentaba que era un tipo afortunado de que su esposa le hiciera cosas tan deliciosas.

No compartió con muchos de nosotros que en realidad era él quien horneaba. Solo aquellos en los que realmente confiaba para que no se burlaran de él. En una instalación que era principalmente de hombres, puedes imaginar cómo pensó que podrían reaccionar ante el hecho de que él era el jefe, pero horneaba en casa por las noches.

A veces puede ser difícil mantenerse fiel a quién eres y no esconder tus hábitos o pasatiempos. Sin embargo, tu personalidad es única y deberías estar orgulloso de ella. Si te tomas el tiempo para disfrutar de lo que te gusta, te sentirás más cómodo en tu propia piel.

No te disculpes con los demás si tu camino es diferente al de ellos. Una de las bases de las relaciones de calidad es no solo aceptar lo que tienes en común con alguien, sino también respetar las diferencias.

Si no te aceptas a ti mismo y a lo que ofreces, ¿cómo puedes esperar que lo haga cualquier otra persona? Aprender a amarte a ti mismo y a ser amable contigo mismo es un gran paso hacia la felicidad. Si no puedes disfrutar de pasar tiempo a solas contigo, ¿por qué lo querría alguien más?

Reflejar

Cuando pasas tiempo solo, puedes relajarse y puede reflexionar. Piensa en algunos buenos recuerdos que tengas. Te pondrán de buen humor y te ayudarán a sentirte satisfecho. Piensa en los desafíos por los que has trabajado para superar y siéntete orgulloso de los pasos que tomaste para realizar cambios positivos. También puedes reflexionar sobre el futuro y cómo planeas alcanzar los objetivos que tienes establecidos.

El proceso de reflexión nos permite ralentizar y estar en contacto con nosotros mismos. Podemos vivir una vida de ritmo muy rápido, y eso significa que no siempre obtenemos los resultados que buscamos. Podemos desarrollar la visión de túnel y la reflexión te permite ver realmente el panorama general.

Da tu tiempo

Aunque estés haciendo tiempo para ti mismo, haz lo que puedas para donar algo de tiempo de vez en cuando. Si te gusta cocinar, haz algunos platos adicionales que puedas regalar a un refugio para personas sin hogar. Si te gusta hornear, lleva algunas galletas al centro local para personas mayores para que las disfruten.

Revisa tu casa y deshazte de la ropa y otros artículos que ya no uses. Siempre hay alguien que puede usarlos. Donarlos a un refugio o tienda de segunda mano. Haz lo que puedas para devolver algo de tu tiempo libre.

Aficiones

Encuentra un par de pasatiempos que realmente disfrutes. Si no estás seguro, pruebe algo nuevo. Quizás una clase de baile o una clase de arte. También puedes dedicar un tiempo a crear un club de lectura o puedes hacer algunos proyectos de reparación de viviendas. Tus pasatiempos deben reflejar quién eres y en qué disfrutas participar.

Pueden ayudarte a reducir el estrés y a sentir que estás completando algo positivo. Un par de pasatiempos pueden evitar que te aburras o participes en actividades negativas.

Controla tus finanzas

Uno de los grandes factores de la vida que pueden acabar con tu felicidad es el estrés financiero. Es cierto que la economía es difícil, pero eso no es una excusa para tener facturas y tener muchas deudas. Asume la responsabilidad para poder sentirse bien con tu situación financiera.

Si tienes la mentalidad de que más dinero resolvería tus problemas, estás equivocado. Es cierto que debes esforzarte por vivir por encima del nivel de pobreza. Sin embargo, la comodidad financiera no va a equivaler a más felicidad. Para muchas personas, puede significar menos tiempo libre y más estrés.

Ama tu carrera

La cantidad de horas y años que la persona promedio pasa trabajando en su vida es muy alta. Por lo tanto, debes amar tu carrera si vas a ser feliz. No tomes una carrera que odias solo para ganar más dinero. ¡Por supuesto que es importante asegurarte de tener un trabajo que pague las facturas!

Algunas personas consiguen un trabajo y permanecen en él durante décadas. Continúan subiendo la escalera y lo hacen muy bien. Hay trabajos que son un buen punto de partida, pero no van a ascender. No te quedes atrapado en un trabajo sin salida. Nunca es demasiado tarde para ampliar tus conocimientos. Busca un nuevo trabajo, aprende una nueva habilidad o incluso vuelve a la universidad para obtener un título.

Presupuesto

Para tener tus finanzas bajo control, necesitas hacer un buen inventario de tus gastos. Haz una lista de todas tus facturas mensuales. Esto debe incluir:

* Alquiler / Hipoteca
* Pagos de automóviles / Arrendamiento / Transporte público
* Seguro
* Utilidades

- Comestibles
- Suministros médicos / Medicamentos
- Cuidado de niños u otras obligaciones.

Luego, haga una lista de todos sus gastos variables. Estos son elementos de deuda no garantizados que puedes liquidar. Esto debe incluir:

- Tarjetas de crédito
- Préstamos personales
- Crédito rotativo

Haz una lista de todos tus ingresos y compárala con tus gastos. Esto es lo que te sobra cada mes. Con tus gastos variables, haz lo que puedas para pagar más del mínimo cada mes para cancelarlo más rápido y reducir el interés general.

Plan de acción

Si tu presupuesto parece fuera de control, busca ayuda. Existen muchas entidades financieras que te ayudarán a presupuestar sin ningún cargo. Tienen clases de presupuestación que te ayudarán a volver a encarrilarte. Si tienes una pareja, el plan de acción para las finanzas debe hacerse en equipo. Crea metas en las que ambos trabajen y reevalúa tu plan con regularidad.

Si tus gastos son mucho mayores que tus ingresos, es hora de hacer algunos cambios. ¿Puedes conseguir un segundo trabajo para complementar los ingresos y pagar la deuda? ¿Puedes trabajar desde casa en tu tiempo libre para generar más dinero para el hogar? Tal vez necesites mudarte a una residencia de menor precio o necesitas cambiar tu automóvil por uno que sea más asequible.

Si debes una cantidad significativa de deudas no garantizadas, habla con ellos sobre la posibilidad de reducir sus intereses o una liquidación. Si proporcionas una suma global de efectivo para la cuenta, es posible que reduzcan significativamente la cantidad en dinero que debes para borrar con éxito esa deuda.

Es mejor evitar los prestamistas de consolidación, ya que a menudo tienen tarifas altas y tu puntaje crediticio puede verse afectado al final. También deseas evitar declararte en quiebra a menos que sea absolutamente necesario.

Extras

Presta atención a cuánto gastas en extras. Salir a comer, ir al cine e incluso comprar café en un bar pueden sumar rápidamente. Cuando identificas dónde estás gastando tu dinero, puedes reducir algunos de esos extras. Identifica una o dos cosas que realmente quieras tener extra. Asigna una asignación para ellos y una vez que se gaste, eso es todo.

Ahorros

Además de pagar tus facturas mensuales, también deberías pagarte a ti mismo. Asigna un porcentaje de tus ingresos o una cantidad fija para ahorros. Esto es importante para que puedas tener dinero disponible para emergencias. Entonces no tendrás que usar una tarjeta de crédito o crédito renovable en caso de emergencia. Cuando usas el dinero que has ahorrado, no tienes ese interés en qué pensar.

Jubilación

Prepararse para el futuro también es muy importante. La jubilación puede parecer mucho tiempo a partir de ahora, pero llegará. Estar preparado para ello es muy importante y debes comenzar lo antes posible.

Si tu empleador tiene planes de jubilación, contribuye lo máximo que puedas. Si tu empleador no ofrece esto, debes hablar con un asesor de jubilación. Ellos pueden ayudarte a configurar las cuentas. Si cambias de un trabajo a otro, transfiere tu plan de jubilación en lugar de cobrarlo.

Debes diversificar tu cartera de modo que tengas los fondos de jubilación distribuidos. Esto te ayudará a evitar una gran pérdida en caso de que una determinada inversión no funcione muy bien. También es importante pensar en el nivel de riesgo que asumes con tu jubilación. Cuanto más te acerques a la jubilación, menos riesgo deberías correr con esos fondos.

Ofrecer perdón

El perdón es una fuente de felicidad muy poderosa. Podemos guardar rencor y errores durante demasiado tiempo. Pueden envenenar nuestra mente, nuestra alma y quitarnos las cosas buenas de nuestra vida. Cuando no perdonamos, el resentimiento puede vencernos.

Cuando hablamos de perdón para aumentar la felicidad, existen 3 categorías:

* Pedir perdón
* Ofreciendo perdón
* Perdonarse uno mismo

Pedir perdón

Puede haber muchas razones por las que no pedimos perdón. Quizás tenemos demasiado orgullo o sentimos que ha pasado demasiado tiempo. Tal vez nos preocupe que no le importe a la otra persona o personas involucradas y será una causa perdida. Pedir perdón nunca es un signo de debilidad.

En cambio, significa que deseas liberar esos sentimientos negativos de una vez por todas. Puedes pedir perdón en persona o puede escribir una carta. Una llamada telefónica también puede ser agradable, pero si no estás seguro de cómo responderá la otra parte, es mejor no hacerlo.

Siempre puedes enviarles una carta y decirles que te gustaría hablar y luego ellos tendrán la oportunidad de contactarte si así lo desean. Una llamada telefónica o en persona puede ponerlos en un aprieto y dificultarles para aceptar tus emociones debido a que tú los contactas.

Con una carta, puedes darles algo de tiempo para pensarlo todo y tomar la decisión de escuchar lo que tienes que decir. Asegúrate de que tu solicitud de perdón sea genuina y que indique específicamente por qué te disculpas. No tienes que culparte ni entrar en detalles sobre quién tenía razón o quién estaba equivocado.

Incluso si no aceptan tu disculpa, tendrás la tranquilidad de que extendiste la rama de olivo. Podrás dejar ir la situación y sabrás que hiciste lo que pudiste para arreglar las cosas. La felicidad que te dará es increíble porque podrás soltarte.

Ofrecer perdón

Cuando se trata de ofrecer perdón, trata de ser amable. Ten en cuenta lo difícil que puede ser para alguien comunicarse contigo. Si sientes que realmente lamentan lo sucedido, déjalo ir. Es posible que tengas algunas preguntas que te gustaría que respondieran. Está bien preguntar para poder cerrar la situación.

No siempre es instantáneo que puedas ofrecer perdón. Está bien decirle a alguien que ya no estás enojado, pero que estás herido. Tus emociones pueden cambiar antes de que puedas soltarte por completo y perdonar. Es posible que descubras que ya no puedes permitir que la relación vuelva a ser lo que solía ser, pero que ahora sientes algo de respeto por esa persona.

Una de las cosas más difíciles de hacer en términos de ofrecer perdón para que puedas ser feliz es dejarlo ir cuando no hay disculpas. Debemos recordar que la gente hace las cosas por una variedad de razones. Las percepciones pueden jugar un papel muy importante en lo que nos lastima o nos enoja.

A veces, nos lastimamos en el fuego cruzado por lo que está pasando otra persona. Pueden estar luchando con adicciones, salud mental u otros problemas de los que no somos plenamente conscientes. Trata de ser compasivo y perdonar cuando puedas. Esto no significa que ganen, solo significa que ya no estás dispuesto a seguir repitiendo ese escenario en tu mente y dejar que te saquen lo mejor de ti.

Perdonarse a uno mismo

Podemos ser nuestros propios críticos más duros, y eso significa que podemos sabotear nuestra propia felicidad. Tienes que perdonarte a ti mismo. Deja atrás los errores del pasado y sigue adelante. Repítete que hiciste lo mejor que pudiste con la información que tenías en ese momento.

El hecho de que ahora puedas darte cuenta de que había una mejor manera de manejar algo significa que has crecido. No estás cometiendo los mismos errores una y otra vez, y estás haciendo cambios positivos en tu vida.

En la vida, si sigues mirando por ese espejo retrovisor, te perderás lo que tienes delante. Es posible que tu pasado haya dejado algunas cicatrices, pero solo demuestran que eras más fuerte de lo que intentaba retenerte. ¡Eso es ciertamente algo de lo que sonreír!

Asesoramiento

A veces, los problemas que ocurren son demasiado grandes para que los solucionemos por nuestra cuenta. Si no puedes afrontarlos, si no le encuentras la vuelta, si te sientes incapaz, no te sientas culpable por ello, esa situación es más común de lo que piensas. Date tiempo para trabajar con las emociones y ver un mejor lado de las cosas. Hablar con un consejero puede ser una manera maravillosa de superar los sentimientos negativos.

El proceso de curación puede ayudar para que sigas adelante y sentirte con paz. Cuando se refiere a temas sentimentales, y tienes dificultad de otorgar el perdón, no significa que ya no te sientas herido o enojado. Simplemente significa que tienes el control sobre tus sentimientos y que estás empoderado por tu dedicación para ser feliz a pesar de lo que ha ocurrido en el pasado.

Deja de compararte con otros

Si tiendes a pensar que la hierba siempre es más verde del otro lado, estás reduciendo tu propia felicidad. A veces puede ser difícil estar feliz por el éxito de los demás. Sin embargo, eso a menudo tiene que ver con la falta de autoestima y la falta de estar contento con lo que has logrado.

Ten en cuenta que no conoces las batallas que han librado los otros para llegar a donde están hoy. Muy pocas personas lo hicieron sin sacrificio, trabajo duro o sin errores en ese camino. Lo que ves son ellos en la cima de la montaña, pero a menudo te perdiste ese difícil viaje para llegar a la cima.

Agradecer

Tómate tu tiempo para apreciar realmente lo que tienes a tu alrededor. Si puedes llegar a fin de mes, tienes relaciones de calidad y disfrutas de tus pasatiempos, entonces lo estás haciendo bien. Está perfecto tener metas y aspirar a más. Solo asegúrate de no perder la felicidad que está frente a ti debido a querer alcanzar y alcanzar.

Trabajos

Puede ser difícil trabajar con alguien todos los días que tiene un mejor papel en la organización que ti. Quizás solicitaste ese mismo trabajo cuando se abrió y no lo conseguiste. Encuentra razones para estar muy contento con la tarea que tienes. ¡Detente a considerar a cuántos desempleados les encantaría tener tu trabajo si se lo ofrecieran!

Si no estás satisfecho en tu trabajo, piensa en hacer algunos cambios. Quizás puedas aprender una nueva área del negocio en el que ya trabajas. Quizás sea el momento de emprender una nueva aventura en otra empresa. No estés sujeto al trabajo que tienes a menos que tengas un contrato por un período de tiempo específico. Un nuevo comienzo, nuevas caras y nuevos desafíos pueden ser justo lo que necesitas en la fuerza laboral para hacerte feliz.

Hogar

Nuestra casa es nuestro castillo, pero podemos darlo por sentado con el tiempo. Quizás estés cansado de ver lo mismo día tras día. Si deseas permanecer en esa casa, haz algunos cambios. Las ventanas nuevas, las cortinas nuevas e incluso la pintura nueva ciertamente pueden cambiar su atractivo. Agrega algunas pinturas hermosas para ofrecer nuevos puntos focales en cada habitación.

Si tu casa es demasiado grande o demasiado cara, considera venderla y reducir su tamaño. Mudarse a un lugar más pequeño puede significar menos mantenimiento y puede ahorrarte dinero. Por supuesto, es posible que también tengas que deshacerte de muchos elementos, por lo que debes pensar de lo que estarías dispuesto a desprenderse.

No te molestes si alguien tiene una casa más grande que la suya. No te enojes porque está en un lugar mejor que el suyo. Siéntete orgulloso de lo que eres y asegúrate de no extender demasiado lo que puedes pagar para mantenerte al día como otros que conoces con sus hogares.

Automóvil

La seguridad y la asequibilidad deben ser factores clave a la hora de comprar o arrendar un automóvil. No compres uno solo para competir con los que tienen tus vecinos en el camino de entrada. Un automóvil deportivo no te hará feliz, ¡aunque puede verse elegante y ser divertido de conducir!

Niños

¡No compare a tus hijos con los de otra persona! Todos tenemos preocupaciones sobre nuestros hijos. Cada niño tiene un ritmo de aprendizaje diferente, diferentes intereses y diferentes comportamientos. No puedes comparar lo que hace tu hijo en términos de aprendizaje o logros con otros. ¡Concéntrate en lo que ofrece tu hijo y eso es lo que te hará feliz... y a él!

Apariencia

Tienes que estar contento con tu apariencia para ser feliz. Sin embargo, no es necesario que parezcas un modelo. A menudo vemos celebridades que se ven increíbles solo unas semanas después de dar a luz. Ten en cuenta que tienen entrenadores personales y chefs. También tienen ayuda con el bebé para que puedan descansar lo suficiente. Alguien elige su ropa, la peina y la maquilla.

La persona promedio no tiene acceso a esas cosas. Sin embargo, tendemos a compararnos con la apariencia de las celebridades. Está bien admirarlas, pero asegúrate de tener en cuenta que no lo hacen todo por su cuenta.

Tampoco compares tu apariencia con la de tus amigos o familiares. Todos tenemos características únicas que funcionan para nosotros. Si no te gustan las cosas de tu cuerpo, trabaja para cambiarlas. Por ejemplo, adelgaza o tonifica tus músculos. Si no estás satisfecho con la apariencia de tu rostro, considera diferentes productos de maquillaje. Cambiar el color y el corte de tu cabello también puede marcar la diferencia en tu apariencia.

Sé feliz con la persona que ves en el espejo. Si bien vivimos en una sociedad que tiene un gran impacto en la apariencia física, realmente es la persona que está dentro la que se hará notar. Si las personas solo te están prestando atención debido a tus atributos físicos, esos no son los tipos de personas adecuados con los que debes asociarte.

Enfrenta tus miedos

Nada destruirá la felicidad ni te impedirá alcanzarla como el miedo. Hay muchos tipos de miedos que experimentan las personas que pueden frenarlos. El miedo al fracaso es el más grande. Como te mencioné anteriormente, si no lo intentas, nunca lo sabrás. Pueden ocurrir errores, pero también el éxito.

A menudo, puede ser necesario realizar muchas pruebas, errores y equivocaciones para poder tener éxito. Algunas de las personas más exitosas del mundo alguna vez estuvieron en una situación desesperada debido a que no renunciaron a sus ideas. Con cada fracaso, aprendieron una forma más de no hacer lo que estaban tratando de lograr.

Ser positivo y superar el miedo es muy importante. Piensa en el mejor escenario posible que pueda resultar de tus esfuerzos. Piensa también en el peor de los casos. Estate preparado para lo mejor, pero prepárate para lo peor.

Lo curioso de nuestros miedos es que, por lo general, no son tan malos como el monstruo que habíamos creado en nuestras propias mentes. Cuando enfrentamos esos miedos, nos empoderamos y avanzamos. Podemos decir que somos fuertes y eso también nos da una sensación de felicidad.

Duda

Debes creer siempre que puedes hacer lo que te propongas. Si no tienes confianza en ti mismo, cederás a la duda. Si tienes personas positivas a tu alrededor, pueden ayudarte a borrar esa duda. Si tu estructura social consiste en aquellos que te menosprecian en lugar de elevarte, la duda ganará.

Cuando tengas dudas, repítete cómo puedes lograr lo que te gustaría. Ten en cuenta que siempre fallarás si no dices nada o no tomas ninguna medida. Solo cuando tomas precauciones para avanzar, puedes realmente ver la diferencia. Si tienes dudas, haz una lista de ellas. Luego haz otra de lo que está en juego para que ganes. Verlo todo en papel puede darte la ventaja que necesitas para actuar.

Riesgo calculado

Sin embargo, enfrentar los miedos no significa que se pierdas la precaución. Algunos tipos de miedos nos mantienen a salvo de cualquier daño. Piensa en lo que vas a intentar y por qué quieres intentarlo. No tienes nada que demostrarle a nadie más que a ti mismo. No permitas que las payasadas peligrosas sean parte de enfrentar tus miedos, ya que podrían causarte daño físico o psicológico.

Un riesgo calculado implica examinar las opciones y encontrar la solución que mejor se adapte a tus necesidades. Es útil observar los errores comunes y las formas de evitarlos. Con este tipo de riesgo, puedes reducir significativamente el riesgo de falla.

Mantente positivo

Si eres positivo, incluso puedes obtener una gran energía de tus miedos. Cada vez que empieces a sentirlos negativos, muévelos. Cuando tengas pensamientos positivos, atraerás el éxito que realmente deseas. Concéntrate en respirar con regularidad cuando sientas miedo para que no te detengas.

Concéntrate en las victorias que ha logrado para ayudarte a mantenerte positivo. Si solo has alcanzado una parte de tu objetivo, aún estás más lejos que cuando comenzaste. No dejes que el fracaso sea todo o nada en tu libro.

Realista

Tampoco querrás prepararte para el fracaso. Necesitas un plan de acción realista que no sea demasiado difícil ni demasiado fácil. Por ejemplo, tu plan no puede ser perder 5 kilos, pero no planeas cambiar tu forma de comer o hacer ejercicio. Es posible que desees encontrar un trabajo mejor, pero debes estar dispuesto de manera realista para aprender algunas habilidades nuevas si deseas un trabajo mejor.

Al final, tendemos a arrepentirnos realmente de las oportunidades que no aprovechamos. Por eso tienes que afrontar tus miedos y seguir adelante. No siempre será fácil y no siempre funcionará como tú deseas. Sin embargo, no te quedarás despierto por la noche deseando no haber dejado pasar esa oportunidad.

Haz un plan para el cambio

Si no puede aceptar lo que tienes en tu vida y ser feliz con ello, entonces necesitas hacer un plan para el cambio. Puede haber muchos tipos de cambios que se produzcan para hacerte más feliz. Haz un inventario de lo que necesitas para alcanzar la verdadera felicidad.

Quizás necesites mejorar las relaciones con tu familia y amigos. Quizás necesites más tiempo para ti y tus pasatiempos. Menos estrés por el dinero puede ayudarte a ser más feliz. Aceptarte a ti mismo y ser positivo también puede ser parte del plan de cambio.

Hora

Una de las mayores barreras para el cambio es el tiempo. La gente siente que simplemente no tiene suficiente. Al decir que no, como se mencionó en un capítulo anterior, puedes abrir el tiempo. Comienza a crear ese período de tiempo de inactividad en tu calendario mensual antes de llenarlo con todo lo demás.

Para que ocurra el cambio, debes estar dispuesto a aceptarlo. El cambio no será fácil y puede llevar tiempo y paciencia. Necesitas un plan de acción que te ayude a llegar allí. Por ejemplo, si deseas ser más activo, desarrolla un plan que te permita hacer ejercicio 30 minutos al día. Si el día tiende a alejarse de ti, reserva tiempo a primera hora del día de mañana. Si estás lento por la mañana, la tarde puede ser una mejor opción.

Agradable

A continuación, busca actividades que disfrutes para no intentar salirte de ellas. El ejercicio debe ser algo que esperes con ansias en lugar de tratar de evitarlo. Cuando se trata de cambios, no siempre podrás participar en las actividades que te gustan. Ahí es donde entra en juego la disciplina.

Cuando ese sea el caso, piensa en lo agradable que será cuando hagas esos cambios. Visualiza el nivel de felicidad que te dará dejar de fumar o completar tu carrera. Eso te ayudará a estar motivado y a seguir adelante con las tareas necesarias.

Apoyo

Obtén aliento y apoyo de familiares y amigos. Hazles saber lo que quieres cambiar y por qué. Si te rodeas de buenas personas, estas te animarán y se sentirán orgullosas de tus esfuerzos. Este apoyo también te mantiene en un nivel más alto de responsabilidad que antes.

Es posible que también consigas un amigo que te ayude a hacer el cambio. Por ejemplo, tu cónyuge puede decidir que dejará de fumar o que hará cambios en la dieta y el ejercicio junto contigo. ¡Seguro que es más fácil hacer algo así con alguien que solo!

Recompensas

Por último, ten una forma de realizar un seguimiento de tu progreso y de recompensar tus esfuerzos. Si constantemente haces ejercicio día tras día, disfruta de algo como un nuevo CD o una noche de cine.

Deseas que las recompensas sean coherentes con lo que tienes establecido para tu objetivo final. Por ejemplo, si planeas completar un título de cuatro años, una recompensa al final de cada semestre completado es una buena idea. Sin embargo, ¡deberías tener una gran recompensa esperándote el día de la graduación!

Recursos

Ten en cuenta que no tienes que encargarte de todo por tu cuenta. Existen recursos para ayudarte con tus planes de cambio. Si quieres sentirte mejor, habla con tu médico. Si quieres comer mejor, siéntate con un dietista. Un planificador financiero puede ayudarte con el presupuesto y la jubilación. Utiliza los recursos que te faciliten tener un camino claro hacia tus objetivos.

Escríbelo

Tu plan de acción para el cambio y un ser más feliz debe estar escrito. Esto lo hace más concreto. Ten una fecha de inicio y una fecha de finalización para alcanzar tu objetivo final. Si el objetivo es grande y a largo plazo, desglosarlo en mini pasos para lograrlo en el camino. Poder celebrar ese éxito te mantendrá motivado.

Evaluar

Evalúa periódicamente tu plan de acción para el cambio. ¿Estás más feliz? ¿Sientes que el plan sigue funcionando para ti? Si no es así, renuévalo. Puedes encontrar que modificar ciertos elementos de tu plan te permite superar cualquier obstáculo que no hayas previsto en su camino.

Cuida tu mente y tu cuerpo

Si quieres ser feliz en la vida, debes cuidar tu mente y tu cuerpo. La mente y el cuerpo trabajan en sincronía entre sí, por lo que deberían poder ofrecerte lo mejor. Sin embargo, cuando no están sincronizados, debes hacer un esfuerzo para que vuelvan a ese punto.

Sustancias químicas en el cerebro

Para experimentar la felicidad, hay ciertas sustancias químicas en el cerebro que deben estar presentes. El equilibrio químico del cerebro es muy complejo. Hacer ejercicio te ayudará a liberar sustancias químicas que te hacen sentir bien. Algunas personas no tienen la combinación correcta de productos químicos que necesitan.

Si ese es el caso, es posible que necesites medicamentos para ayudar a regularlos. Muchas personas padecen problemas de salud mental, incluida la depresión, que les impiden ser tan felices como les gustaría. Habla con un profesional sobre la posibilidad y averigua si pueden ayudarte a ser más feliz de lo que creías posible. Si todos tus esfuerzos por sí solos no elevan ese nivel, este puede ser el siguiente paso a explorar.

Hábitos de estilo de vida

La mente necesita descansar al igual que el cuerpo. Dormir lo suficiente cada noche es bueno para la mente y el cuerpo. Te proporcionará más energía y te permitirá estar alerta. Cuando la mente es aguda, logra más logros en menos tiempo. También puedes ser más creativo.

Evita los malos hábitos, como beber en exceso, consumir drogas ilegales y fumar. Todos pueden contribuir a graves problemas de salud. Puede ser difícil dejar de usar estos productos debido a la adicción física y mental a ellos. Sin embargo, existen recursos que pueden ayudar a ofrecer soluciones para que no tengas que sentirte solo con tus esfuerzos.

Comer bien

Tu mente y tu cuerpo se benefician de una buena alimentación. Tu cuerpo y cerebro obtienen suficiente de los alimentos que consumes. Cuando consumes alimentos con alto contenido de antioxidantes, estimula el sistema inmunológico. Esto incluye frutas y verduras frescas.

Tu cuerpo y cerebro también necesitan muchas proteínas para ayudar con la energía. Cuando consumes alimentos con alto contenido de carbohidratos procesados o azúcares, puede reducir tu nivel de felicidad. Pueden hacer que el cerebro se vuelva más pequeño y aumentar el riesgo de depresión.

Chequeos

Los chequeos de rutina para tus necesidades médicas, cuidado dental y de la vista también son importantes. Estos chequeos deben programarse anualmente. No esperes hasta que tengas una inquietud por tomar medidas. Si tienes antecedentes familiares de problemas de salud, asegúrate de que tu médico los conozca. Las pruebas tempranas pueden desempeñar un papel en la prevención.

Los chequeos regulares pueden ayudar con la intervención temprana si se detecta un problema. Puede marcar una gran diferencia en los tipos de tratamiento que se ofrecen para las necesidades de atención médica. También puede determinar la diferencia entre la necesidad de un tratamiento continuo o una solución única.

Presta atención

No ignores ninguna señal de tu mente o de tu cuerpo de que algo no está bien. Si experimentas algo inusual, actúa. Demasiadas personas lo ignoran porque tienen miedo o no tienen tiempo para lidiar con eso. Sin embargo, esas primeras señales de advertencia pueden prevenir problemas que no se pueden revertir más adelante.

Se proactivo cuando se trata de cuidar tu mente, tu cuerpo y tu bienestar general. Es un paso importante para sentirse bien y ser feliz.

Conclusión

¿Estás feliz? ¿Quizás crees que eres lo suficientemente feliz? Quizás has sido infeliz durante tanto tiempo que parece solo una parte de la vida. Ahora es el momento de mezclar las cosas y ver qué se materializa. No dejes que el miedo a lo desconocido o al fracaso te detenga.

No te preocupes tanto por lo que piensen los demás. Siempre que tus esfuerzos por ser feliz no lastimen a nadie más, mantén la cabeza erguida y participa con confianza en ellos. Haz lo que puedas para evitar que el esfuerzo financiero reduzca tu nivel de felicidad. Preocuparse por el dinero puede hacer que sea difícil ser feliz por muchas otras cosas.

Para muchas personas, simplemente encontrar el coraje para decir NO a numerosos compromisos que agotan el tiempo es un gran paso adelante. Se sienten más en control del día. Les gusta ver algunos espacios en blanco en el calendario en lugar de completar cada intervalo de tiempo. Les gusta tener tiempo para no hacer nada o tiempo para visitar a alguien que aman.

¿Qué dirá la gente de ti cuando llegue el momento de tus servicios funerarios? Con suerte, podrán decir que fuiste divertido, feliz y viviste tu vida al máximo todos los días. Tienes la opción de ser feliz para poder empezar a cambiar las cosas o dejarlas exactamente como están ahora. Si tu autoestima es baja, necesitas arreglar eso. Si a menudo no te sientes bien acerca de quién eres, es difícil ser feliz.

Tampoco te concentres tanto en la belleza física. Puede que te sorprenda la cantidad de personas hermosas que no son felices. A menudo se preguntan si a la gente le agradan por algo más. Lo mismo ocurre con las personas con mucho dinero. Siempre les preocupa que la gente solo quiera algo de dinero en efectivo y no realmente nada sobre ellos personalmente.

Lo que esto significa es que todos tenemos nuestros problemas internos y nuestras variables externas con las que tenemos que aprender a lidiar. El mundo real no siempre es amable, así que primero asegúrate de ser siempre amable contigo mismo. Tómate el tiempo para ser bondadoso y generoso con los demás en tu vida, así como con los extraños en la calle. Puede que signifique más una diferencia para ellos de lo que nunca imaginas.

Una de las formas más fáciles de cambiar tu forma de pensar es participar en un ejercicio diario en el que expreses gratitud. Haz una lista de algunas cosas por las que estás agradecido y comienza el día con pensamientos positivos. Realmente puede cambiar la forma en que transcurre todo el día.

Tan pronto como te des cuenta de que no se trata de cosas materiales y dinero, puedes encontrar la felicidad. Cada vez es más difícil para las generaciones más jóvenes captar ese mensaje. Vivimos en una sociedad que parece promover los objetos materiales como camino hacia una vida feliz. Gran parte de la publicidad muestra eso. Nunca muestran a alguien en un automóvil viejo que sonríe y está feliz. ¡Quieren que pienses que está contento de que necesitas un automóvil nuevo y el pago que conlleva!

Si bien no tenemos control sobre todo lo que sucede a nuestro alrededor, tenemos la opción de ser felices. Las personas felices y exitosas en la vida no solo tienen suerte. En cambio, aprecian las pequeñas cosas y se rodean de personas positivas.

Hacen tiempo para sí mismos para no sentirse abrumados. Se toman el tiempo para relajarse y participar en actividades divertidas para ellos. Se esfuerzan por tener un cuerpo y una mente saludables para poder seguir sintiéndose felices a cualquier edad.

Identifica lo que significa la verdadera felicidad para ti y luego haz todo lo que puedas para que suceda. Tienes una muy buena perspectiva de este material para ayudarte a realizar cambios positivos que influirán en tu vida para mejor. Elije un cambio para hacer a la vez y realmente concéntrate en él.

A medida que te vaya bien, agrega otro a la mezcla. Notarás que comienzas a sentirte más feliz en poco tiempo. Deja de gastar tu tiempo en actividades y personas que te deprimen. ¡La vida es simplemente demasiado corta para ser cualquier cosa menos feliz!

Capítulo 2
Cómo ganar la guerra
contra la depresión

Tratamiento de la depresión sin efectos secundarios

Desde el final de la Segunda Guerra Mundial, las tasas de depresión en todo el mundo se han disparado. La depresión es una enfermedad que puede destruir vidas y familias. Muchas personas prueban diversas formas de tratamiento antes de que se produzcan mejoras. Muchos no tienen tanta suerte y terminan pagando el precio máximo. Las drogas y los medicamentos son una forma de tratar la depresión. Sin embargo, han habido muchas críticas en los últimos años sobre la cantidad de medicamentos que estamos tomando. La depresión se puede tratar de forma natural y, si es posible, se debe intentar primero el enfoque natural.

Dormir bien por la noche es esencial. El sueño y el estado de ánimo están estrechamente relacionados. Cuando estamos cansados reaccionamos a las cosas de manera diferente a como lo hacemos cuando hemos descansado lo suficiente. Recuerda dormir bien y con regularidad.

Debe evitarse la cafeína y otros estimulantes. Te dan energía temporal, pero se sabe que reducen tus niveles de serotonina. Los niveles bajos de serotonina son una de las principales causas de la depresión.

Toma un multivitamínico todos los días. Esto es especialmente importante si tu estilo de vida te hace omitir comidas. La deficiencia baja de vitaminas se ha relacionado con la depresión.

Es posible que desees intentar ponerte en contacto con tu lado espiritual. Esto puede hacerse de varias maneras. Si te gusta ir a la iglesia, esta es una buena oportunidad. También puedes considerar la oración, la meditación o el yoga. No es necesario ser demasiado religioso para ser espiritual. Hay muchas formas de llegar a un estado de calma espiritual.

Por último, es posible que desees intentar hacer más ejercicio. Esto no significa entrenamiento de maratón. Empieza despacio y aumenta si sientes la necesidad. El ejercicio ayuda a liberar endorfinas que te hacen sentir más empoderado. También existen los beneficios para la salud asociados a una mayor actividad.

El enfoque natural puede resultarte muy eficaz, aparte de traer otras influencias positivas a tu salud en general.

Tratamientos con tratamientos naturales

El enfoque natural no siempre es el mejor o el más efectivo. Sin embargo, si la depresión no es grave y la persona no tiene tendencias suicidas ni está incapacitada, se recomienda al menos darle una oportunidad a la forma natural.

Hay muchos remedios naturales que se pueden intentar antes de probar drogas y medicamentos. Algunos han probado ese remedio natural conocido como hierba de San Juan. Se sabe que esto mejora el estado de ánimo de algunas personas que sufren de depresión sin efectos secundarios.

Aquellos que sufren de depresión deben evitar la ingesta excesiva de alcohol. El alcohol es un depresor, por lo que ralentizará tu cuerpo. Podría reaccionar con la química de tu cuerpo y empeorar su condición. El alcohol también es una toxina que el cuerpo no necesita.

Otra cura natural para la depresión que la gente intenta es tomar vitaminas y minerales. Uno de los síntomas de la depresión es un cambio radical del peso corporal. Cuando no recibe una nutrición adecuada, el problema solo empeora. También la depresión afecta la concentración y algunas vitaminas y minerales se consideran ayudas mentales. Estos incluyen vitamina B y ácido fólico.

Sin embargo, otra cura natural para la depresión es cambiar los hábitos alimentarios. Turquía, por ejemplo, tiene un aminoácido que ayuda a la producción de serotonina. Otros alimentos incluyen leche y patatas. También puede comer alimentos con alto contenido de ácidos grasos omega-3, como la soja y el pescado. Todos estos alimentos pueden ayudar con la producción química del cerebro, asegurar que esté recibiendo una nutrición adecuada y, con suerte, disminuir la depresión.

Hay muchos otros tratamientos naturales para la depresión que las personas han probado, por ejemplo:

• Azafrán: Suele asociarse como una terapia recuperadora para estados depresivos, aunque consumido en altas dosis puede traer efectos secundarios notorios.
• 5-HTP. El suplemento llamado 5-hidroxitriptófano, también conocido como 5-HTP, juega su papel al recuperar los niveles de serotonina, que a su vez puede mejorar el estado de ánimo. Todavía no hay suficientes estudios al respecto. Existe una preocupación de que el uso del 5-HTP pueda causar una afección neurológica severa, pero el vínculo no está claro. Otra preocupación de seguridad es que el 5-HTP podría aumentar el riesgo de síndrome de serotonina, un efecto secundario grave, si se toma con ciertos antidepresivos recetados.
• DHEA. La dehidroepiandrosterona, también llamada DHEA, es una hormona que genera el cuerpo. Los cambios

en los niveles de DHEA se han relacionado con la depresión. Varios estudios preliminares muestran una disminución en los síntomas de depresión cuando se toma DHEA como suplemento dietético, pero se necesita más investigación.

Si deseas evitar el uso de medicamentos o no tienes tiempo o dinero para los tratamientos tradicionales para la depresión, debes investigar y probar una cura natural para la depresión.

Tómate un tiempo para comer de manera planificada y saludable a pesar del tipo de estilo de vida que tengas.

Es posible que desees considerar la terapia cognitivo-conductual. Esto te ayudará a reenfocar tu pensamiento y generar un sentimiento más positivo. Tus pensamientos influyen directamente en tu estado de ánimo. Cuanto más negativos sean, más probabilidades tendrás de deprimirte.

Si llevas un estilo de vida estresante, entonces un entrenamiento de manejo del estrés podría ser para ti. El estrés puede ser la causa de todo tipo de dolencias, no solo de la depresión. Mantener bajos tus niveles de estrés y aprender a lidiar con situaciones muy estresantes puede ser de gran ayuda para tu depresión.

Es posible que desees intentar ayudar a los demás. A veces, hacer trabajo voluntario y ayudar a los menos afortunados ayudará. Puede ser muy gratificante y puede eliminar algunos de esos pensamientos negativos en ti.

Si el enfoque natural no funciona, no deberías sentirte mal. Está bien tomar medicamentos si esto es lo que te ayudará. Al menos puede estar complacido de probar el enfoque natural.

Tratamiento de la depresión: ayudar a alguien a un ser cercano

Si alguien a quien amas sufre de depresión, es natural querer ayudar. Los miembros de la familia pueden brindar una cantidad increíble de apoyo sobre alguien que padece esta enfermedad. Sin embargo, se debe aprender cómo ser eficaz. Si no, el miembro de la familia podría terminar haciendo más daño que bien.

Lo primero que debes hacer es leer todo lo que puedas sobre la depresión y sus tratamientos. Hay que estar advertido y prevenido. Si te informas, puedes ayudar a tomar decisiones cuando tal vez el ser querido no esté en condiciones de hacerlo. También debes leer sobre cómo se sentirá tu ser querido. Obtener la mayor información posible sobre lo que le hará la depresión a esta persona te ayudará a sobrellevar los peores días.

Debes tener en cuenta que cuidar a una persona deprimida es muy complicado tanto física como emocionalmente. Necesitas reservar tiempo para ti. No le será útil al padeciente si tú estás cansado y estresado. De hecho, puedes empeorar las cosas. Habla sobre lo que está pasando con alguien que lo comprenda o incluso únete a un grupo de apoyo. Tómate un tiempo para divertirte también. No permitas que la depresión de tus seres queridos se apodere de tu vida también.

Las personas deprimidas necesitan mucho amor y apoyo. No querrás asfixiarlos, pero debes estar allí cuando más te necesiten. Saber que pueden confiar en ti los ayudará a superar algunos de los momentos más oscuros.

No niegues tus propios sentimientos. Habrá momentos en los que te sientas enojado y frustrado. Necesitas una red de apoyo que te ayude a ventilar estos sentimientos. Un buen amigo o un grupo de apoyo nuevamente puede ser una gran fuente de consuelo. Mantener tus sentimientos reprimidos puede conducir a tu propia enfermedad.

Tratamiento de la depresión: terapias parlantes

Lidiar con la depresión es difícil y agotador. Pone estrés y tensión en la vida de la persona deprimida, así como en las personas cercanas a ella. Es posible que deban probarse muchos tipos de terapias antes de que se observe alguna mejora. Una de esas posibilidades es la psicoterapia.

Las terapias de conversación pueden ser de gran ayuda a la hora de tratar la depresión. Implica varios tipos de asesoramiento con un psicólogo, psiquiatra o terapeuta. Las terapias de conversación permiten a la persona deprimida expresar sus sentimientos. También permiten que las dos personas trabajen juntas para tratar de encontrar la causa raíz de la depresión.

Las terapias de conversación varían, pero la mayoría involucran los mismos elementos clave. Primero está la sesión de escucha. El terapeuta escucha los problemas de la persona. Con el tiempo, la persona desarrolla una relación con el terapeuta en la que se siente comprendido. Luego está la liberación emocional. Esto es útil pero no se puede hacer con frecuencia. Dejar salir las emociones con demasiada frecuencia puede tener el efecto contrario y provocar una mayor depresión. Luego viene el consejo y la orientación. El paciente puede buscar las respuestas por sí mismo a través de sesiones y tareas. Finalmente, se proporciona información. Se otorgan datos y se conseja en pequeños bits, pero a medida que se avanza, se puede aumentar. Las personas deprimidas a veces pueden tener poca concentración y poca memoria, por lo que la información se proporciona con cuidado.

Las terapias de conversación pueden ser muy eficaces para tratar la depresión, pero llevan tiempo. Es posible que se requieran varias sesiones y que la familia del paciente deba participar. Las terapias de conversación pueden ayudar mucho a la depresión leve a moderada; sin embargo, en los casos graves suelen necesitar una combinación de conversación y medicación.

Tratamiento de la depresión: terapias con TEC

Hoy sabemos más que nunca sobre la depresión. Tenemos más métodos de tratamiento y medicamentos para ayudar a las personas a superar esta enfermedad y funcionar con la mayor normalidad posible. La depresión es una enfermedad horrible y, lamentablemente, puede pasar mucho tiempo antes de que se observe alguna mejora. La mayoría de las terapias y medicamentos requieren una cantidad significativa de tiempo para funcionar de manera efectiva. Con todas las terapias disponibles, todavía hay un pequeño porcentaje de personas que parecen estar fuera del alcance de la terapia convencional. Para aquellos que nada más parece funcionar, existe la terapia TEC (Terapia electroconvulsiva)

Dar terapia TEC no es una decisión para tomar a la ligera. Por lo general, solo se administra cuando todas las demás vías han fallado. También se usa solo para personas que padecen las formas más graves de depresión, como aquellos que tienen una tendencia hacia el suicidio o que están completamente incapacitados por su depresión.

Cuando un paciente recibe tratamiento con TEC, se envían impulsos eléctricos al cerebro. Esto luego provoca que se produzca una pequeña convulsión. El paciente está bajo una fuerte sedación mientras esto sucede y se despierta sin recordar lo sucedido. A veces se despiertan confundidos, sintiéndose enfermos. Sin embargo, la pérdida de memoria suele ser temporal.

La TEC se repite de 6 a 12 veces a intervalos separados por unas pocas semanas. Muchos pacientes sienten una mejoría después de unas pocas sesiones. Se cree que los impulsos eléctricos cambian el patrón en el cerebro. La TEC ha funcionado en varias personas y la mayoría de las veces los efectos son temporales.

Tomando la depresión maníaca en serio

Los síntomas de la depresión maníaca

Un tipo de depresión extremadamente común y desafortunadamente la peor es la forma maníaca. Una persona sufre de repetidos cambios de humor y tiene frecuentes altibajos. El comportamiento adquiere una forma errática y los estados de ánimo pueden cambiar de feliz a triste en cuestión de segundos. Algunas personas piensan que el síndrome pre menstrual podría ser la causa o incluso el estrés, pero no es así.

Una persona puede molestarse por el menor incidente y, a veces, puede ser algo sin importancia como el sabor del helado. Se produce ira e irritabilidad que conducen a un despliegue desagradable de palabras. Todo esto puede ser un síntoma de depresión maníaca. Desafortunadamente, podría durar una semana y no se limita a un solo día.

Cuando una persona experimenta un sentimiento de depresión, podría equipararse con una depresión real. Hay tantos sentimientos negativos que pasan por la mente de una persona como la incapacidad de disfrutar de la vida y de las personas, sentimientos de desesperanza y culpa, sentimientos de que nadie se preocupa por ellos, ataques de pánico y negativismo agudo. Los terapeutas sienten que, si esto persiste durante más de una semana, una persona puede ser etiquetada como maníaco depresiva.

Tratamiento para la depresión maníaca

La depresión maníaca es muy común y puede ser grave, pero la buena noticia es que puede tratarse. No es necesario preocuparse por ello, pero en necesario ver que la persona esté en contacto con el terapeuta que pueda orientarlo con el tratamiento correcto y la medicación en la cantidad adecuada. Las visitas regulares son obligatorias, para que la persona pueda interactuar y discutir todos sus sentimientos, lo que tal vez no pueda hacer con familiares y amigos.

Es posible obtener un buen alivio a través de formas naturales de tratamiento, y esto se puede considerar como una posible ayuda para el individuo, pero para un alivio permanente, es mejor consultar a un terapeuta cognitivo-conductual que tenga experiencia en el tratamiento de la depresión maníaca y todos los problemas relacionados con la mente. Él podrá diagnosticar su condición y profundizar en su comportamiento pasado y presente y encontrar el vínculo necesario con sus acciones y comportamiento. Él está mejor equipado para lidiar con la situación, y le recetará la medicación necesaria si cree que la necesita; las visitas regulares a él le darán un impulso de confianza y le permitirán abrirse. Con su experiencia en el tratamiento de estos casos, podrá informar los pros y los contras del tratamiento y aconsejar sobre qué tratamiento es mejor. Debes recordar que cada individuo es diferente y lo que resulta adecuado para uno puede no serlo para otro. Entonces, todo lo que necesitas hacer es buscar al mejor terapeuta en el campo y obtener la ayuda que necesitas.

Otros tratamientos naturales

Existen muchos métodos naturales que se pueden utilizar para aliviar la depresión, uno de ellos es la técnica de relajación, conocida por tratar los síntomas visibles que afectan. Al relajarte, puedes lograr que tu frecuencia cardíaca alcance un nivel normal y podrás recuperar tu enfoque y el poder de concentración. También puede ayudar a reducir la presión arterial y eliminar los pensamientos oscuros que conducen a la depresión.

Puedes probar este tratamiento de relajación natural en casa que te ayudará a eliminar los pensamientos de ansiedad y a desestresarte. También encontrarás que tienes una mayor explosión de energía y los métodos relajantes ayudarán a mejorar tu sueño y, por lo tanto, te permitirán manejar tus asuntos cotidianos de una manera tranquila y controlada.

Métodos naturales que utilizan técnicas de relajación muscular

El método natural te muestra cómo relajar los músculos para aliviar la tensión en todo tu cuerpo. Este método existe desde hace más de 50 años. Cuando estás en un estado mental deprimido, afecta tu relación con las personas cercanas a ti: al relajar tus músculos, ayuda a aliviar la tensión y, por lo tanto, tu mente se vuelve clara y enfocada y podrás relacionarte mejor con los que te rodean.

Puedes tomar clases de relajación o conectarte a Internet; también mirar televisión y obtener tantos consejos como puedas sobre cómo hacerlo. Si necesitas terapia, la combinación de los dos hará maravillas en tu estado de ánimo mientras mejoras tus funciones corporales.

Una característica muy importante de este método natural es el hecho de que debe hacerse de forma regular y no de forma intermitente para que sea útil. Se debe inculcar y mantener un programa diario. Junto con este programa, puedes agregar otras cosas como la meditación, que se sabe que aclara la mente y la llena de pensamientos pacíficos y relajantes.

Otra forma de relajación es el yoga, que también es bueno para el cuerpo y la mente, ya que te calma, elimina el estrés de tu sistema y te ayuda a concentrarte en pensamientos positivos.

La práctica regular es la clave, y esto puede ayudar a cualquiera, no necesariamente solo a aquellos que sufren de depresión. Por lo tanto, continúa y comienza tu objetivo hacia una vida positiva y libre de estrés.

La meditación tiene la capacidad de darte suficiente espacio y tiempo para construir el silencio y la quietud interior. Puedes realizar la meditación en cualquier lugar, todo lo que tienes que hacer es hacer una pausa por un momento, respirar profundamente y tratar de profundizar en tus adentros.

¿No sabes meditar? Sigue estos simples pasos:
1.   Existen numerosas técnicas (vipassana, mindfuness, enfocada, zen, entre otras) Busca información y selecciona la que más te agrade.
2.   Elige un lugar adecuado, en donde no seas interrumpida y puedas sentirte confortable.
3.   Encuentra tiempo para la práctica, de seguro algunos minutos de tu día puedes dedicarlo para meditar.
4.   Ten en cuenta que el mejor horario para la concentración y relajación son las primeras horas de la mañana o últimas de la noche, pero eso dependerá de tus obligaciones diarias.

5.   Usa ropa cómoda. Descuida, nadie te verá.

6.   Algunos movimientos: La meditación se puede hacer sentada en una silla o en el suelo, en posición de loto, sentada sobre las rodillas o tumbada, pero cualquiera que sea la postura que elijas debes tener la espalda recta y los hombros y brazos relajados, sin sentir tensiones. Si decidimos sentarnos, apoyaremos las manos en las rodillas estiraremos la nuca y recogeremos ligeramente el mentón. Y si meditamos tumbadas podemos invertir unos minutos en relajarnos, respirando profundamente hasta que nos encontremos preparadas. Lo más importante es estar cómoda.

7.   Céntrate en un objeto o en tu respiración.

8.   Visualiza tus pensamientos y déjalos marchar. No es que la mente quedará en blanco, pero debes evitar distraerte con los problemas diarios.

9.   Incrementa el tiempo de meditación todos los días, en la medida que te sientas más segura. Haz de la meditación un hábito. No la dejes.

Depresión mayor - ¡No me molestes!

Depresión: leve y severa

Hay varias formas de depresión, algunas de ellas leves y otras que pueden ser muy graves e incluso rayar en pensamientos suicidas. La depresión leve puede tomar diferentes formas, como comer en exceso o no querer conocer gente o amigos, mientras que la depresión mayor puede afectar la vida; parece que no hay propósito ni alegría en ella; de hecho, existe el deseo de permanecer en la cama. y no salir de casa.

Los comerciales en la televisión muestran a las personas que sufren de depresión mayor que miran con indiferencia por la ventana, y cuando uno le habla al deprimido, él se elimina por completo y parece estar en su mundo oscuro y propio.

Los síntomas de la depresión mayor

Hay tantas cosas en la vida que pueden ser destruidas por una depresión mayor. No tienes confianza en ti mismo y esto te lleva a alejarte del público y de la sociedad en general. Te vuelves antisocial y mantienes a la familia alejada, destruyendo así las relaciones. La violencia es parte de esta depresión. Si no tienes ganas de comer, esto podría afectar tu bienestar físico.

Orden depresivo mayor es el término que se utiliza para la depresión mayor. Cuando te das cuenta de los síntomas que están ocurriendo a diario, como insomnio, sensación de inutilidad y falta de confianza, cansancio y no poder tomar decisiones incluso en asuntos pequeños, y cuando estos síntomas ocurren durante 2 semanas seguidas, entonces debes saber que estás atravesando una depresión mayor.

También hay pensamientos negativos sobre uno mismo y diferencias en los estados de ánimo y las actitudes; por ejemplo, una persona puede no querer asociarse con nadie y básicamente no está interesada en las cosas en las que participó anteriormente. Hay un sentimiento general de apatía que refleja un estado mental negativo.

El síntoma más importante que hay que buscar es cuando una persona tiene pensamientos de quitarse la vida, cuando se instala un sentimiento de desesperanza. Este es el momento en que se debe hacer un balance de la situación, especialmente con un ser querido que necesita ayuda, y que no es consciente de la situación en la que se encuentra.

No hay por qué desesperarse, ya que hay ayuda disponible y con el tratamiento correcto una persona puede curarse. En los casos extremos deberán administrarse medicamentos junto con diversas formas de tratamiento. Los antidepresivos ayudarán a calmar a la persona y, una vez que se logre, podrá continuar con diferentes tipos de terapias. Lo principal es buscar un terapeuta especializado que haga el diagnóstico correcto, evalúe los requerimientos de la persona, ya que las necesidades de cada persona varían.

Causas de la ansiedad y la depresión

Muchas personas ejercen una presión adicional sobre sí mismas al realizar tareas que asumen, y esto naturalmente conduce al estrés. No solo es una tensión para el cuerpo, sino que también afecta a la mente; en casos graves, podría provocar un ataque de nervios. Nuevamente, hay otros que son hiperactivos y sienten la necesidad de hacer las cosas a tiempo y esto afecta su salud, tanto mental como físicamente. Para estas personas, existe ayuda que pueden buscar y beneficiarse del tratamiento para la ansiedad y la depresión.

Las personas que están estresadas por realizar una gran cantidad de actividades que les resultan difíciles de afrontar muestran cierto nerviosismo y un comportamiento errático: se entregan a los cambios de humor a medida que aumenta la presión. Necesitan relajarse con más frecuencia y afrontar las cosas con serenidad para conservar la cordura.

Para poder tratarse a sí mismo, debe hacer un autoanálisis de sus pensamientos y comportamiento, de modo que pueda consultar con un terapeuta y obtener la cura adecuada.

Diferentes tipos de depresión

Hay varios tipos de depresión: **la maníaca** y la **ciclotimia** son similares porque la persona tiene cambios de humor; pueden experimentar altibajos con frecuencia. La **distimia** no es tan grave, pero debe tratarse lo antes posible. Luego está la **depresión posparto**, que implica un estrés extremo durante el parto y el miedo a cuidar de un nuevo bebé; esto también debe tratarse de inmediato. Existe una depresión que ocurre durante el cambio de estaciones, particularmente en invierno: los estados de ánimo cambian y se vuelven melancólicos y se sabe que los sentimientos de irritación e ira persiguen a una persona.

El tipo más común de depresión es la **depresión por ansiedad**. Si bien es normal preocuparse por las cosas de todos los días, estar continuamente preocupado por cualquier cosa que suceda debe tratarse visitando a un terapeuta.

El **TAG** se conoce como un **trastorno de ansiedad generalizada** en el que una persona muestra una mayor sensación de paranoia y está muy estresada sin una causa conocida; también hay síntomas que se presentan como insomnio, incapacidad para concentrarse. Pero la buena noticia es que hay tratamiento disponible y cuando reconozcas estos síntomas, debes visitar a un terapeuta que diagnosticará tu situación de salud mental y te tratará en consecuencia. Se pueden recetar medicamentos que ayudarán a calmar tus nervios, por lo que con el terapeuta y la medicación adecuados estarás en el camino hacia la recuperación.

Medicación como tratamiento

A veces, los médicos recetan medicamentos para formas graves de depresión, pero hay muchos casos en los que la persona no responde y, por lo tanto, los medicamentos no son para todos, sino que dependen del caso individual. Los médicos no prescriben medicamentos excepto como último recurso, cuando una persona está gravemente deprimida y tiene pensamientos de quitarse la vida, o si una persona está delirando y podría volverse violenta, y nuevamente, si la depresión regresa con frecuencia, lo que afecta la vida de la persona.

Se pueden administrar medicamentos para la depresión si todo lo demás se ha probado y ha resultado inútil, o si una persona no ha respondido a la psicoterapia y es violenta y no se puede controlar. Los médicos solo buscarán medicamentos después de investigar intensamente las causas que han provocado la depresión; por ejemplo, profundizarán en la vida pasada y presente de la persona para poder decidir cuál es la mejor forma de tratamiento. Si todo lo demás falla, recetarán medicamentos.

Diferentes tipos de medicamentos

Hay varios tipos de medicamentos que se pueden recetar; los habituales son tranquilizantes o tricíclicos de serotonina o benzodiazepina. Estos medicamentos se recetan porque la cantidad de sustancias químicas en el cerebro no es la correcta y esto provoca que los neurotransmisores sean disfuncionales, lo que a su vez produce mucha preocupación y estrés en la persona.

Existe una gran cantidad de antidepresivos y tranquilizantes que se utilizan para tratar a una persona. Pero el médico debe considerar la capacidad de cada individuo para absorber el medicamento y decidir si es adecuado. Muchos medicamentos tienen efectos secundarios desagradables y, por lo tanto, no es aconsejable continuar con ellos; también algunos medicamentos crean hábito y, como cualquier otro fármaco agresivo, deberán retirarse lentamente. Estos medicamentos son muy fuertes y el médico solo los recetará cuando sea absolutamente necesario.

Hay ciertos fármacos que no tienen el mismo efecto que los antidepresivos; en otras palabras, no atacan los mismos químicos, pero tienen un efecto sobre los estados de ánimo y los estabilizan.

No todo el mundo puede tomar medicamentos, especialmente si una persona está embarazada o si está tomando otros remedios, entonces los dos no pueden combinarse. Por otro lado, existen ciertos medicamentos que se pueden tomar juntos de manera segura. Tu médico te indicará qué es lo apropiado. En la medida de lo posible, es mejor tratar la raíz del problema con un asesoramiento cuidadoso, y solo si no hay respuesta y la condición empeora, se puede recurrir a la medicación. Como los medicamentos para la depresión son muy fuertes y tienen efectos secundarios, a muchas personas les resulta tedioso continuar y, por lo tanto, renunciar a ellos. Cuando la afección se repite, no tienen otra opción que volver a tomar la medicación. Decida lo que decida, lo mejor es consultar a su médico y seguir sus consejos de expertos.

Depresión

Las diferentes formas de depresión

Es extremadamente difícil reconocer la diferencia entre el estrés y la ansiedad cotidiana y la depresión real. Hay varias formas de depresión y las causas subyacentes pueden remontarse al pasado y a la infancia de una persona. Necesitas evaluar tus emociones, que pueden incluir estrés, preocupación y ansiedad, y si sientes que es un poco demasiado frecuente, entonces tal vez sería una buena idea hacer una prueba de depresión. Cada persona reacciona de manera diferente y no hay dos casos idénticos. Identificar tus emociones te dará una idea de si debes ver a tu médico, especialmente si tienes ataques de pánico con frecuencia. Una prueba de depresión te ayudará a decidir si es necesario visitar a tu médico, quien podrá derivarte a un psicólogo para que obtengas la ayuda que necesitas.

Una prueba de depresión

Al hacerte una prueba de depresión, podrás identificar tus síntomas, porque muchas personas no saben que sus sentimientos y pensamientos están al borde de lo mórbido y que se encuentran en un estado de depresión. Su vida se está volviendo diferente lentamente y podría deberse a una variedad de factores.

La persona que está experimentando depresión puede hacer una prueba de depresión, o los seres cercanos y queridos, como también los amigos que no pueden descubrir si su ser querido está realmente en un estado depresivo. La prueba es simplemente para ver si estos síntomas ocurren durante más de 2 semanas, y si lo hacen, entonces es una señal segura de que es posible que necesites ver a tu médico, quien podrá ayudarte.

Los síntomas a los que debe prestar atención son:

Pensamientos mórbidos que surgen de la nada, como sentir que tu vida no vale nada y que a nadie le importa si estás cerca o no, la incapacidad para tomar decisiones, la postergación, los sentimientos de vergüenza, la imposibilidad de disfrutar en una multitud o incluso con amigos, falta de ejercicio, disgusto por estar con la familia, pérdida del apetito, dormir demasiado o nada, apatía. Si estos sentimientos son lo que estás viviendo, entonces una prueba de depresión definitivamente te ayudará a identificar tu problema y buscar la ayuda que necesitas.

Además de afectar tu mente, la depresión también puede afectar tu bienestar físico, así como tu interacción con amigos cercanos y familiares. Una vez que te hayas sometido a una prueba de depresión, lo siguiente que debes hacer es controlar tus cambios de humor y tomar nota de los distintos cambios en los patrones de comportamiento. Esto se lo podrías mostrar a tu médico, quien podrá orientarte, y en cualquier caso este autoanálisis es una terapia para tu propio bienestar.

Causas de la depresión

Investigación médica sobre la depresión

Se han realizado innumerables estudios sobre la depresión y se han propuesto varias teorías sobre por qué las personas caen en un estado mental deprimido. La opinión general compartida por las facultades de medicina es que hay una variedad de causas que la causan y que no se puede atribuir a ningún factor específico. La investigación todavía está en curso y se han logrado grandes avances a lo largo de los años.

Muchos médicos creen que la depresión podría surgir como resultado de genes heredados. Sienten que ciertos rasgos están destinados a aparecer en las próximas generaciones. Además, estos genes podrían interferir negativamente con la serotonina que produce el cerebro. Finalmente, la única conclusión a la que pueden llegar las investigaciones médicas es que una variedad de factores puede causar depresión y, al eliminar estos factores uno por uno, la persona puede ser tratada con éxito.

Experiencias de la niñez

Los médicos generalmente profundizarán en la infancia de una persona y tratarán de descubrir los factores que podrían inhibir a una persona. Por ejemplo, si una persona ha tenido experiencias incómodas en la esfera física o sexual, esto podría tener un impacto directo en el bienestar emocional de la persona. El futuro puede parecer sombrío y prevalece una sensación de inutilidad. También la persona se inhibe socialmente y tiende a aislarse.

La depresión también podría ser un factor biológico. Hay que tener en cuenta que hay sustancias químicas en el cerebro que nos ayudan a protegernos del peligro; nuestros reflejos pueden ayudarnos a cuidarnos, pero si hay un desequilibrio químico, no podemos reaccionar tan rápido. Además, mantener los sentimientos latentes solo sirve para sacar a relucir pensamientos y sentimientos mórbidos y la incapacidad de manejar cualquier forma de ansiedad o estrés.

Condiciones médicas y medicamentos como causa de depresión

Existen ciertas dolencias como el hipertiroidismo que pueden afectar seriamente la capacidad de una persona para manejar situaciones relacionadas con la pérdida del trabajo o la muerte de un ser querido. Los ataques de pánico con frecuencia suelen ocurrir, ya que la persona es incapaz de manejar ningún golpe emocional. Manejar el dolor de manera efectiva puede ser difícil en estas circunstancias.

Drogas como la cocaína pueden tener un efecto devastador en el cerebro, y pueden dañar las células cerebrales, provocar ataques de paranoia y producir desequilibrio, por lo que la persona se encuentra en un estado constante de nerviosismo y miedo.

La raza humana es complicada y para afrontar la depresión de forma eficaz es muy importante analizar la raíz del problema, que puede remontarse a las experiencias de la niñez o a ciertos choques como la pérdida de un trabajo o de un ser querido, cambios traumáticos en la vida, o como resultado de otras pérdidas devastadoras. Todos estos deben ser enfocados y tratados en consecuencia, y con la ayuda de medicamentos y tratamientos disponibles, estarás en el camino hacia la recuperación.

Síntomas clínicos de depresión

Identificación de la depresión clínica

La razón por la que es tan difícil diagnosticar a una persona que sufre de depresión clínica es porque la persona no se comporta de manera anormal, como mantener largos silencios o no prepararse para el día. De hecho, es posible que la persona no sepa que está deprimida, por lo que es aún más difícil para los médicos determinar con precisión que una persona la sufre.

El enfoque principal en el que confían los especialistas es identificar la causa. El cerebro tiene la clave, ya que envía mensajes a través de neurotransmisores que, a su vez, están controlados por sustancias químicas como la serotonina y la dopamina. Estos productos químicos deben producirse en ciertas cantidades; cuando esto no sucede, los neurotransmisores no pueden funcionar. Esto produce una reacción en cadena que afecta los procesos de pensamiento de una persona y finalmente se establece la depresión. Para tratar a una persona con éxito, es importante descubrir patrones de comportamiento, tanto pasados como presentes. Tal vez la persona no quiera conocer gente socialmente como estaba haciendo en el pasado.

También puede haber síntomas físicos como un aumento de la presión arterial o un cambio de peso.

Sentimientos de desesperanza

Otros síntomas pueden afectar la mente y provocar sentimientos de desesperanza. Los pensamientos oscuros y negativos frecuentan la mente y esto se manifiesta en el comportamiento de una persona. Sienten que no vale la pena disfrutar de la vida. Todo parece inútil y parece no haber alegría, y no hay nada digno de anticipar. Viven en los errores que han cometido y parecen incapaces de llevar una vida normal. Si estás experimentando alguno de estos sentimientos, probablemente estés pasando por una mala fase de depresión, pero siempre hay ayuda para ti.

A veces, una persona puede comportarse de una manera que muestra miedo y preocupación al deshacerse en lágrimas o estar demasiado ansiosa. Es posible que no quieran unirse a ninguna función grupal o asistir a fiestas, e incluso si lo hacen, tienden a encerrarse en sí mismas y permanecer distantes. O pueden negarse a ser arrastradas a cualquier tema, ya que prefieren estar solas. Hablar los cansa y sienten que se les agota la energía.

Hay momentos en que la depresión clínica se manifiesta en signos muy obvios como manía, y esto definitivamente requiere un tratamiento inmediato. Si no se trata, solo podría empeorar la situación y ser motivo de alarma. Si tu mente está llena de pensamientos oscuros y negativos, y te culpas a ti mismo por todos tus errores, y no quieres pasar tiempo con aquellos que están cerca de ti, como tus propios parientes y amigos, y si tu cuerpo ha sufrido un cambio, tal vez pérdida de peso o si de repente tienes una condición médica adversa, entonces debes visitar a tu médico, quien te derivará al especialista adecuado que puede evaluar tus necesidades y ayudarte en consecuencia.

Depresión crónica

Varias formas de tratamiento para la depresión crónica

Esta forma de depresión dura un tiempo, tal vez incluso 2 años, y una persona la experimenta de forma intermitente. En realidad, no desaparece por completo, sino que sigue regresando, aunque no sea en una forma grave.

Los médicos y terapeutas prueban diferentes métodos de tratamiento, como la terapia de grupo y el asesoramiento, antes de recetar a una persona con medicamentos. Algunas personas responden y, por lo tanto, pueden evitar los antidepresivos y la medicación, pero si todo lo demás falla, la única opción es optar por la medicación que no es realmente una solución permanente.

Depresión crónica conocida como distimia

La distimia, que es la forma de depresión crónica, no es una enfermedad grave y no te mantiene disfuncional, pero se manifiesta en diferentes formas, principalmente falta de concentración, sentimientos de desesperanza con respecto a la vida, tendencias a quitarte la vida y una total falta de confianza. Estos sentimientos permanecen con una persona a diario y pueden durar largos períodos de tiempo, incluso años. Aunque puedes seguir con tu vida, estos sentimientos tristes te aprietan y te hacen sentir que tu vida no vale nada.

La distimia puede ocurrir en cualquier etapa de la vida de una persona; no está restringida a ningún grupo de edad en particular; podría afectar tanto a jóvenes como a ancianos. Dado que no hay síntomas visibles que afecten las funciones corporales y una persona puede cumplir con sus deberes, es extremadamente difícil de precisar. Pero esta condición no se puede descuidar, ya que no desaparecerá por sí sola, por lo que se debes buscar tratamiento para corregir la condición.

Si el tratamiento se busca temprano, detendrá la afección y evitará que se convierta en algo tan grave que tendrás que tratarte con antidepresivos y medicamentos que son muy fuertes y es posible que debas continuar casi de forma permanente. Muchos médicos se han encontrado con casos que no responden al tratamiento, pero no se desaniman, ya que existen varias otras formas de manejarlo.

Lo más importante es reconocer que te sientes deprimido y que no pareces disfrutar la vida, o tiendes a alejarte de la gente por falta de confianza. También debes evaluar cuánto tiempo te has estado sintiendo de esta manera y de los síntomas que parecen estar surgiendo y que te impiden llevar una vida plena. Una vez que se han identificado, puedes continuar con el siguiente paso que es buscar la ayuda necesaria.

La verdad sobre la depresión posparto

La depresión posparto es una enfermedad que debe estudiarse para que se pueda ser consciente de los peligros y poder ayudar a otras personas que la sufren. El embarazo es un período difícil y la idea de cuidar a un nuevo bebé y las responsabilidades que implica criar al niño es algo que puede asustar a una persona que no tiene una voluntad fuerte. Incluso si una persona evita el alcohol y el tabaquismo, el ejercicio vigoroso y una vida estresante, los pensamientos malos y negativos pueden afectar el crecimiento del bebé por dentro.

Razones de la depresión posparto

El parto puede ser estresante tanto física como mentalmente: el cuerpo sufre cambios hormonales y esto puede ser incómodo, al tiempo que afecta el estado de ánimo de una persona. Ésta es una de las principales causas de depresión posparto. Muchas madres que no han estado dispuestas a pasar por el proceso del parto y lo miran con miedo tienen más probabilidades de caer en la depresión. En lugar de alegrarse ante la perspectiva de tener un nuevo bebé y ser madre, lo ven como algo que les causará tensión, dolor y estrés.

Si una persona es víctima de depresión posparto, es absolutamente necesario visitar a un terapeuta, ya que el niño puede resultar herido porque la madre tiene sentimientos de enojo hacia él y siente que el niño es la causa de todos sus problemas como el sobrepeso y la pérdida de su figura atractiva. Es absolutamente esencial buscar un buen terapeuta que tenga sesiones de asesoramiento con la persona y, si todo lo demás falla, el terapeuta le recetará medicamentos según la gravedad de la enfermedad. Esto es algo que no se puede ignorar, ya que la depresión posparto puede ser la causa fundamental de incluso el asesinato. La madre no se da cuenta de lo que pasa en su cabeza y siente que el niño es responsable de todo su dolor físico y mental. Para evitar una tragedia, lo mejor es buscar un buen consejo médico, estar en contacto con un terapeuta que guiará y ayudará a seguir adelante con la medicación si es necesario.

¿Qué es la depresión bipolar?

La depresión bipolar es el término utilizado para referirse al trastorno caracterizado por cambios importantes en el estado de ánimo de una persona. En un momento puedes sentirte eufórico y confiado, y poco después el sentimiento cambia abruptamente a uno de derrota y fracaso. La experiencia es similar a aquellas ocasiones en las que los sentimientos de bienestar y felicidad se vuelven amargos ante un cambio repentino de eventos o circunstancias. La diferencia es que, en la depresión bipolar, estos cambios de humor ocurren con regularidad, a veces incluso a diario, y sin rima, razón o consideración por las circunstancias.

Los puntos altos y bajos durante los cambios de humor en la depresión bipolar se acercan a los extremos del espectro del estado de ánimo y, a menudo, pueden conducir a un comportamiento irracional. Las personas diagnosticadas correctamente con depresión bipolar a menudo experimentan euforia y pueden creer que son incapaces de sufrir una derrota o una lesión. Puede haber ocasiones en las que los bipolares jueguen incontrolablemente o decidan ir de compras sin tener en cuenta su estado financiero o la probabilidad de consecuencias nefastas que puedan sufrir. A medida que la euforia cambia rápidamente a un estado de depresión severa, el recuerdo de una euforia que acaba de terminar y de corta duración lo persigue e intensifica la depresión aún más. Si bien estos ejemplos extremos no son generalmente comunes, los grados menores de euforia y depresión repentina que ocurren regularmente de manera alterna pueden ser bastante confusos y definitivamente agotadores. Hay un sinfín de posibilidades hacia un camino de dificultades en la vida personal y familiar.

Una persona que sufre de depresión bipolar en el lugar de trabajo puede traer consecuencias potencialmente dañinas. Las decisiones que se toman precipitadamente durante un período de altibajos extremos pueden muy bien resultar en daños graves para la empresa o sus compañeros de trabajo. Algunos de los que sufren de depresión bipolar a veces se vuelven hiperactivos y creen que son omnipotentes y no pueden hacer nada malo.

La depresión bipolar también puede producirse por abuso de sustancias. El diagnóstico de depresión bipolar se ha vuelto muy común entre los consumidores de drogas y los investigadores están estudiando la aparente relación entre el abuso de drogas y la depresión bipolar o maníaca. Se observa que una vez que a una persona se le diagnostica esta dolencia por abuso de drogas, es común que los pacientes tengan que lidiar con ella durante el resto de su vida.

Una vez que se realiza un diagnóstico válido y adecuado de depresión bipolar, una persona tendrá que controlar la afección por el resto de su vida. Los niños a veces desarrollan depresión bipolar, pero la condición a menudo se diagnostica erróneamente como trastorno por déficit de atención con hiperactividad (TDAH) o incluso como hiperactividad simple.

Si bien el trastorno es un problema médico complejo, el tratamiento actual para la depresión bipolar generalmente ayuda a quienes la padecen. Después de recibir atención médica, sus vidas vuelven a la normalidad. El régimen de tratamiento normalmente requiere medicación para reducir la gravedad de los estados de ánimo y alguna forma de psicoterapia para informar a la persona que sufre de depresión bipolar de las manifestaciones del trastorno y enseñarle cómo reconocer su aparición. A medida que la investigación sobre la depresión bipolar avanza, existe la esperanza de que los desarrollos futuros conduzcan a tratamientos mejores y más efectivos.

Tratamiento de la depresión: reconocimiento de la depresión

La depresión es causada por muchos factores. Dos de esos factores son el estrés y el agotamiento. Cuando estamos estresados, nuestro cuerpo reacciona de manera diferente que cuando estamos relajados. Puede provocar muchos tipos de enfermedades, una de las cuales es la depresión. Si el cuerpo está bajo demasiado estrés durante demasiado tiempo, simplemente se apagará. La persona simplemente dejará de funcionar con la misma capacidad.

Es imposible evitar el estrés en nuestras vidas por completo. Todos estamos bajo presión en un momento u otro. Esto también puede ser saludable a veces. Sin embargo, el estrés constante eventualmente tendrá efectos negativos. En este artículo veremos los signos de estrés excesivo y agotamiento. Eventualmente, estos pueden conducir a una depresión crónica.

Las personas que están bajo estrés constante pueden parecer crónicamente fatigadas, cansadas y agotadas. El estrés agotó sus fuentes de energía y deja su cuerpo sintiéndose físicamente drenado. Este síntoma es bastante peligroso porque está directamente relacionado con la depresión.

A veces la gente se enoja con quienes hacen demandas. Todos podemos reaccionar en un momento u otro, pero si muestran un enojo excesivo ante la menor solicitud, entonces esta persona puede necesitar un descanso.

A veces, la gente se volverá cada vez más autocrítica. Pueden estar enojados consigo mismos por dejar que las cosas se acumulen o por ceder a las demandas de todos. La ira contra uno mismo puede estar relacionada con la depresión, por lo que esta es una señal que debería generar algunas alarmas.

A veces, cuando las personas están bajo un estrés y una tensión increíbles, sienten que están siendo asediados. Sienten que el mundo está tratando de atraparlos y muestran sentimientos de paranoia extrema. Una vez más, el pensamiento irracional también es un signo de depresión, así que vigila de cerca a cualquier persona que muestre este comportamiento.

Si las personas parecen tener frecuentes dolores de cabeza o problemas gastrointestinales, esto es una señal de que están bajo demasiado estrés. Esto puede provocar problemas de salud graves si no disminuyen la velocidad.

Saber cuándo alguien está bajo demasiado estrés y tensión puede tener un efecto sobre la depresión. El estrés es una de las principales causas y conocer las señales de advertencia podría marcar la diferencia entre una depresión severa y afrontar el estrés. Si tú o alguien que conoces presenta estos síntomas, anímalo a buscar ayuda. La alternativa podría ser mucho peor.

Tratamiento de la depresión: brindar ayuda

Como ser querido de una persona deprimida, deberás estar preparado para posibles cambios de personalidad y de actitud. Es posible que la persona no quiera participar en actividades como solía hacerlo. Es posible que no respondan sexual o emocionalmente como lo solían hacer en el pasado. Esto no significa que ya no te quieran. Es simplemente la enfermedad. Sé paciente y comprensivo. Es difícil cuando esto sucede, pero con tiempo y paciencia debería pasar.

A veces, las personas deprimidas se retraen hasta un punto en el que las tareas más simples parecen insoportables. Piensan que pagar las facturas, las tareas del hogar y las compras son demasiado para ellos. Es posible que debas hacerte cargo por un tiempo y hacer estas tareas por ellos. Debes tener en cuenta que se trata de una enfermedad por lo que toda la ayuda que puedas brindarles sumará en su recuperación.

El tratamiento es esencial si la persona deprimida se va a recuperar alguna vez. Es posible que no quieran ir o que se olviden de sus sesiones o medicamentos. Debes recordarles y seguir alentándolos para que actúen. Sin tratamiento, no mejorarán e incluso pueden empeorar.

La depresión tiende a quitarle la esperanza a las personas. Sienten que nunca habrá ningún cambio y que el futuro no mejorará. Debes recordarles que hay esperanza y ofrecerla de cualquier manera que puedas.

Experimentarás un sentimiento de ira. Está bien hacerles saber que estás enojado con su enfermedad, pero no con ellos. Es importante distinguir entre los dos. Si sienten que tú estás enojado con ellos, pueden agravar sus síntomas.

Finalmente, debes mantener las cosas en perspectiva. No curarás su depresión, así que no te engañes pensando que puedes hacerlo. Simplemente brinda todo el apoyo que puedas. La depresión puede tener un impacto en tu vida, pero no tiene por qué apoderarse de ella.

Tratamiento de la depresión: depresión en el lugar de trabajo

Una de las mejores formas de tratar la depresión es conocer los signos. La depresión le puede pasar a cualquiera y saber reconocerla es el primer paso para tratarla. Hay bastantes casos de depresión asociados con el lugar de trabajo. Aquellos en trabajos muy estresantes o trabajos que no son tan deseables pueden ser propensos a la depresión.

Educarse sobre la depresión es el primer paso. Si tienes un empleado que sufre de depresión, incluso si su condición está bajo control, es posible que no sea tu mejor trabajador. Estate atento a la baja productividad. Ten en cuenta que esto no es un defecto de carácter, es una enfermedad.

A veces, los que están deprimidos dejan de preocuparse por su propia seguridad. Si notas que corren muchos riesgos innecesarios, entonces esto es una señal. Si parecen muy propensos a sufrir accidentes, este es otro indicador.

Estate atento a los cambios de humor frecuentes. Pueden pasar de la ira a la tristeza e incluso dejar de cooperar.

Debes estar atento a la baja moral. Si parece que se quejan de varios aspectos de su vida, entonces la depresión podría ser una posibilidad definitiva.

Si parecen estar constantemente cansados, esto podría ser motivo de preocupación. La depresión puede causar fatiga crónica.

Si estos empleados parecen estar ausentes mucho tiempo, esto podría ser un signo de depresión. Muchos llamarán de manera regular manifestando resfriados y síntomas de gripe, lo que también podría señalar una personalidad con rasgos hipocondríacos (trastorno que lleva a una persona a creer que está enferma por más que no lo esté)

A veces, la persona deprimida se automedica con drogas y alcohol. Si esto es evidente, entonces debería haber motivo de preocupación. Este problema debe abordarse con bastante urgencia.

La depresión en el lugar de trabajo existe y puede tratarse. Como empleador, lo primero que debes hacer es aprender a reconocer las señales. A continuación, debes informarte sobre la depresión. Por último, debes animar a tu empleado a buscar ayuda. Estas son algunas de las mejores formas en que un empleador puede combatir esta enfermedad en el ámbito laboral.

La depresión puede ser una enfermedad bastante destructiva. Puede generar estrés y tensión dentro de la misma familia o relación sentimental, así como la pérdida de productividad que puede costar el lugar de trabajo. Los empleadores pierden dinero debido a la depresión. El dinero perdido por accidentes de trabajo y ausentismo hace que sea un trabajo para los empleadores aprender a detectar las señales. Un empleador no puede tratar ni curar la depresión, pero hay cosas que puede hacer para ayudar.

Buscar signos de disminución de la productividad. Esto puede ser especialmente preocupante si la persona alguna vez fue un buen trabajador y sus niveles de productividad comienzan a disminuir. Podría haber una causa subyacente y la depresión es una posibilidad.

Aquellos que están deprimidos a menudo ignoran las advertencias sobre el estrés. Esto puede hacer que los síntomas se manifiesten de forma física. Si tienes un empleado que se queja constantemente de dolores y molestias, entonces ésta es una señal de que la depresión podría ser la causa.

Intenta hablar con este empleado. Debes hacerles saber que esperas que sean productivos. Sin embargo, hazle saber que notas los cambios y estás preocupado. No les haga sentir que su trabajo está en peligro. Esto podría empeorar las cosas. Si hay programas de asistencia para empleados, intenta animarlo a que los utilice. Este podría ser un primer paso en el camino hacia su recuperación.

También debes establecer algunas pautas claras sobre lo que esperas del empleado. Hazle saber la política de la compañía con respecto a las enfermedades relacionadas con la depresión y a qué tienen derecho.

Asegúrate de que el empleado sepa que todo es confidencial. Ni siquiera tú tienes derecho a saber de qué se habla en las sesiones. Trata de animarlos a buscar tratamiento para su depresión. Si no se trata, podrían surgir algunas consecuencias graves.

Si el empleado busca tratamiento, es posible que debas permitir un horario de trabajo más flexible. Con el tiempo recuperará el tiempo con una mayor productividad. La depresión severa puede traer graves consecuencias. Cualquier amenaza de suicidio no debe tomarse a la ligera.

Tratamiento de la depresión: terapias de luz

La depresión es algo que puede destruir vidas. Por supuesto, la vida de la persona que padece la enfermedad se ve afectada, pero también lo son las vidas de las personas cercanas a ella. Las familias y los seres queridos sienten la tensión casi tanto como la víctima. Otras áreas de la vida también son vulnerables. El trabajo puede sufrir y también los contactos sociales.

Afortunadamente, hoy sabemos mucho más sobre la depresión. El enfoque es que es una enfermedad más que un trastorno. Hay muchos tipos de tratamientos que se pueden usar para tratar la depresión. A veces, es posible que se requieran varios o una combinación de tratamientos antes de que se produzca la mejora.

Se ha demostrado que la luz reduce el nivel de melatonina en el cerebro. Una sustancia química que puede hacer que uno se sienta decaído y deprimido. El sentarse frente a una luz brillante durante al menos 4 horas al día, ha demostrado una mejora notable en muchos pacientes con depresión.

La fototerapia se puede realizar utilizando una caja de luz. Muchos comienzan a deprimirse a medida que cambian las estaciones. Los días comienzan a acortarse y el clima se vuelve más sombrío. Esto reduce la cantidad de luz solar a la que estamos expuestos de forma natural, por lo que nuestros niveles de serotonina comienzan a descender. Esto hace que todos se sientan un poco deprimidos, pero una persona que sufre de depresión se sentirá mucho peor. La caja de luz requiere que la persona se siente al frente. Pueden continuar con una actividad siempre que se mantengan a 2-3 pies de la caja. Luego, la luz ayuda a reemplazar los niveles de serotonina y ayuda a reducir las posibilidades de depresión.

La fototerapia también ha demostrado su eficacia en otras áreas. Se ha demostrado que ayuda a los trastornos del sueño, así como a reajustar nuestros relojes corporales.

Ansiedad, depresión

Algunas personas parecen tener personalidades que se consideran más propensas a causar ansiedad. El problema es el estrés constante puede provocar ansiedad y depresión. Se ha descubierto que las personas que experimentan ansiedad de forma regular tienen algunos rasgos en común que incluyen:

• Siempre luchan por el perfeccionismo
• Sentirse fracasado cuando no se cumplen los objetivos.
• Nerviosos
• A menudo se sienten culpables por lo que hicieron o dejaron de hacer.
• No les gusta escuchar críticas sobre sí mismos.
• Muestran rasgos obsesivos
• Inventan cosas por las que preocuparse

Si tus pensamientos siempre te llevan a la autocrítica, el resultado puede ser el desarrollo de ansiedad y depresión. Si te das cuenta de que tienes una personalidad propensa a la ansiedad, puedes evitar caer en la depresión. Pero incluso si ya tienes ansiedad o depresión, puedes aprender a pensar de manera diferente.

La depresión por ansiedad es a menudo autoinducida. En otras palabras, eres tan duro contigo mismo que nunca sales adelante en tus pensamientos. Quieres ser perfecto y nadie puede alcanzar la perfección. Quieres ser todo para todas las personas en tu vida, y eso tampoco es posible. Pero debido a estos sentimientos y pensamientos, nunca estás satisfecho con tus esfuerzos. Entonces empiezas a decirte a ti mismo que eres un fracaso o que no vales nada.

Las personas experimentan diferentes niveles de ansiedad y depresión. Por ejemplo, puedes tener un caso leve que afecte tu actitud hacia ti mismo, pero que no interfiera con tus actividades. También puedes tener una forma grave de ansiedad y depresión que te lleve cada vez más profundamente al pozo de la insatisfacción. Las opciones de tratamiento incluyen tanto la autoayuda como terapias reconocidas como las cognitivas y conductuales. Pero la clave en cualquier tratamiento es cambiar la perspectiva de uno mismo.

Uno de los síntomas comunes de la depresión por ansiedad es la creencia de que no puedes expresarte, porque entonces no agradarás a la gente. Esa falta de autoestima hace que siempre te pongas en último lugar. También puedes tener expectativas demasiado altas que hacen imposible el éxito. Durante el tratamiento, aprendes a establecer metas razonables y luego a aceptar los resultados de tus esfuerzos de manera positiva.

La depresión por ansiedad puede ser debilitante si no se controla. Primero tienes que aprender a quererte a ti mismo. Todos tienen talentos y habilidades especiales, incluido tú. Si pones tu energía personal en aprovechar esas habilidades en lugar de reprimirlas, te sorprenderás de lo rápido que puedes salir del oscuro pozo. Los pensamientos pueden ser contraproducentes y actuar como una trampa. Abre la trampa y deja salir esos pensamientos negativos y podrás ver la vida desde una perspectiva completamente nueva.

Depresión infantil

La depresión infantil no parece que debiera existir, porque el momento de ser un niño debe estar lleno de pensamientos sobre la familia, la escuela, los amigos y los juegos; y no la preocupación y la ansiedad. Sin embargo, es un problema creciente en nuestra sociedad por muchas razones. Primero, los niños están sujetos a los mismos problemas que los adultos, simplemente porque son humanos. Sufren estrés, tienen problemas familiares y pueden nacer con una predisposición a la depresión debido a la genética. En segundo lugar, la depresión ahora se diagnostica correctamente con más frecuencia que en el pasado.

La depresión infantil se da a conocer de varias formas. El niño puede experimentar frecuentes estados emocionales altos y bajos. Los niños que están deprimidos a menudo no quieren salir de casa y jugar con amigos. Otro síntoma es un cambio en el rendimiento escolar. Si alguna vez le fue bien en la escuela y luego pierde interés, puede ser una señal de que el niño está deprimido. Otro síntoma frecuente es la falta de interés por las actividades normales. La intervención temprana es importante para prevenir la progresión del trastorno.

La depresión infantil se puede tratar. Los padres que piensan que su hijo puede estar deprimido pueden tomar ciertas medidas para volver a involucrar al niño de varias maneras. Lo primero que debes hacer es intentar que tu hijo se interese en algo. Puede ser una actividad social o deportiva o incluso ciertos juguetes. Otro paso importante que debes tomar es lograr que tu hijo te hable con regularidad, pero ten cuidado de no responder solo con críticas. Al igual que en la depresión adulta, la depresión infantil significa que el niño tiene problemas de autoestima. Tu objetivo es desarrollarle sentimientos positivos hacia su persona para que los mecanismos de afrontamiento sean más fuertes.

Uno de los pasos importantes que puedes tomar para tratar la depresión infantil es trabajar con tu hijo para desarrollar respuestas adecuadas a las situaciones. La vida siempre va a tener esos momentos en los que tienes que superar la percepción de fallas o situaciones difíciles. Si tu hijo no sabe cómo responder y solo se frustra, la depresión infantil puede afianzarse.

Cuando decidas que tu hijo está experimentando depresión, debes intentar descubrir cualquier causa en particular. Por ejemplo, si él o ella tiene problemas en la escuela, quizás haya un problema entre tu hijo y otro niño. O si tu hijo se retrae repentinamente sin motivo aparente, es posible que debas pedirle que trabaje con un terapeuta infantil para investigar algún posible abuso emocional o sexual (habrá otros signos demasiado obviamente). No dejes de lado una entrevista con la maestra del pequeño, o con la psicopedagoga, si el establecimiento educativo la posee. Otra causa común de depresión infantil es una discapacidad de aprendizaje insospechada.

Muchos niños no son buenos para comunicar lo que piensan o sienten. Eso significa que debes hacer un esfuerzo adicional para "interpretar" la situación. Hay muchas opciones de abordaje si los tratamientos de autoayuda no funcionan. Estos tratamientos son similares a los que se usan para tratar la depresión en adultos.

Depresión clínica

Los médicos tienen términos específicos para los problemas médicos y la depresión clínica es uno de ellos. La investigación médica siempre está en curso y los resultados de la investigación se publican para la comunidad médica. Esto es cierto para todas las afecciones médicas que se están estudiando. El objetivo es encontrar la causa y la cura identificando primero los síntomas comunes. Cuando tienes depresión clínica, simplemente significa que se ajusta a la definición actual de lo que la ciencia médica considera depresión verdadera.

Una vez que se te diagnostica depresión clínica, hay una variedad de opciones de tratamiento disponibles. Incluyen terapia cognitiva y conductual, terapia interpersonal y medicación. Tú puedes realizar algunos componentes de la terapia sin necesidad de un médico. Por ejemplo, puedes aprender a dejar de generar pensamientos negativos sobre tus habilidades y tu autoestima. Puedes llevar un diario o volverte más activo. Pero para muchas personas, su depresión clínica debe ser tratada por un médico.

Los médicos que tratan este tipo de enfermedad a menudo combinan medicamentos con una o más de las otras terapias. El objetivo es mantener el nivel de medicación lo más bajo posible con una eventual cesación. La terapia cognitiva ha demostrado ser bastante eficaz como tratamiento para la depresión durante estudios controlados. Con la terapia cognitiva, aprendes a empezar a amarte a ti mismo cambiando tus percepciones.

La terapia interpersonal implica el asesoramiento centrado en las personas o los eventos que involucran a otras personas que pueden haber desencadenado la depresión. También puede funcionar simplemente para mejorar tu autoestima para que tengas mejores relaciones interpersonales. La terapia de comportamiento, por otro lado, te ayuda a cambiar tu comportamiento contraproducente. Aprendes a disfrutar haciendo algunas actividades nuevamente. La terapia conductual se usa a menudo con terapia cognitiva para tratar la depresión clínica.

Hay varios medicamentos que se usan comúnmente en el tratamiento de la depresión clínica. Incluyen inhibidores selectivos de la recaptación de serotonina (ISRS) y tricíclicos. Los medicamentos antidepresivos casi siempre se recetan cuando alguien indica que tiene pensamientos suicidas. En otras situaciones, se puede recetar por un período corto de tiempo para ofrecerle a una persona una ventaja en la terapia cognitiva y conductual.

Naturalmente, solo los médicos pueden recetar medicamentos para la depresión clínica. Pero hay diferentes tipos de psicoterapeutas que ofrecen otras opciones de tratamiento. Estos incluyen psicólogos clínicos y psiquiatras. Los psiquiatras pueden recetar medicamentos y proporcionar terapia cognitiva, conductual y grupal. Cuando tienes depresión leve, también puedes utilizar los servicios de un consejero capacitado.

La depresión clínica es la depresión que se ajusta al molde, por así decirlo. Tienes todos los signos y síntomas de depresión identificados a través de la investigación médica. Toda depresión es tratable y no hay razón para que nadie se sienta solo o indefenso. Hay muchas opciones diferentes de tratamiento y todas funcionan. Por lo tanto, si sospechas que estás experimentando depresión, es importante que busques ayuda de inmediato.

Más sobre la depresión clínica

La depresión, es una enfermedad mental que a menudo se caracteriza por períodos prolongados de tristeza y melancolía, dicen los expertos del campo de la psiquiatría.

Pero el hecho de que una persona esté deprimida y, en general, odie el mundo que la rodea, no significa que ya sea depresiva, pero si este tipo de comportamiento, la sensación de vacío, la pérdida de la autoestima y absolutamente ninguna esperanza de la felicidad sigue y sigue, entonces, sí, ese individuo está muy, de hecho, muy deprimido.

Aun así, existen varios tipos de depresión, desde la **depresión maníaca o bipolar**, caracterizada por cambios repentinos y extremos en el estado de ánimo de una persona en los que un minuto está en un estado elevado de euforia mientras que al minuto siguiente (día o semana) tiene una sensación de estar en un infierno personal. **Depresión posparto**: caracterizada por una tristeza prolongada y una sensación de vacío por parte de una nueva madre, generados por el estrés físico durante el parto, producen sentidos inciertos de responsabilidad hacia el bebé recién nacido. **Distimia**: caracterizada por una ligera similitud con la depresión, aunque esta vez, se ha demostrado que es mucho menos grave, pero por supuesto, en cualquier caso, debe tratarse de inmediato. **Ciclotimia**: caracterizada por una ligera similitud con la depresión maníaca o bipolar en la que el individuo que la padece puede sufrir ocasionalmente cambios graves en el estado de ánimo. **Trastorno afectivo estacional**: cuando cae en una rutina solo durante temporadas específicas (es decir, invierno, primavera, etc.). Los **cambios de humor**, en los que el estado de ánimo de una persona puede cambiar de feliz a triste a enojado en poco tiempo. demuestran que más personas caen en la rutina durante las temporadas de invierno y otoño.

Sin embargo, la depresión clínica, o como algunos podrían llamar **depresión "mayor"**, es en realidad el término médico para la depresión. En realidad, la depresión clínica es más un trastorno que una enfermedad, ya que básicamente cubre solo a aquellos que padecen síntomas relacionados con la depresión. La depresión clínica es la forma en que los médicos generalmente se refieren a "depresión" cuando dan un diagnóstico de su paciente. Básicamente es solo un término médico.

Ayudarse a sí mismo con la ayuda para la depresión

Si actualmente te sientes tan fuera de sí, totalmente ajeno a tu sistema normal y básicamente odias e ignoras casi todo y a cualquiera que venga, intenta que un psiquiatra te revise para que determine por qué tienes esos pequeños cambios de humor. El comportamiento que estás tratando de ignorar durante un tiempo puede en realidad ser síntomas de algo más grave. Actúa rápido, porque si no lo haces, seguramente será mucho más difícil para ti poder curarte de esta enfermedad, especialmente una vez que el autoengaño comience a aparecer.

En realidad, comienza por llevar tu actitud deprimida al hospital y obtén un diagnóstico de un psiquiatra, uno que realmente te ayude con tus inquietudes sobre la depresión, respondiendo todas las preguntas posibles que puedas tener. Pero a pesar de lo aterradora o abrumadora que es la tarea, el camino hacia una buena salud mental es, ayuda, ya sea de tu familia, amigos, grupo de apoyo y principalmente a partir de ti mismo, realmente hay mucha ayuda para la depresión para todos.

El viejo adagio, "de forma lenta pero segura", se aplica en gran medida al tratar la depresión, ya que el paciente continúa tomando los medicamentos recetados para su tratamiento, así como las sesiones de terapia correspondientes con el terapeuta cognitivo-conductual. Un paciente que está siendo tratado por depresión necesita todo el apoyo y la ayuda para la depresión que pueda obtener.

Mientras recibe tratamiento para la depresión, se recomienda al paciente, así como a su familia y otros seres queridos, que establezcan metas realistas con respecto a la depresión en las que no asuman que su malestar psíquico se puede tratar fácilmente en un instante. La ayuda para la depresión comienza con tratar de comprender la situación del paciente y continuar siendo paciente, así como también extender su ayuda porque la ayuda para la depresión nunca es fácil ni el tratamiento para la depresión en sí, por lo que tanto los pacientes como sus seres queridos deben ayudarse mutuamente durante el proceso. Nunca establezcas metas que estén muy por encima de tu alcance, ayúdate con la depresión no siendo demasiado duro contigo mismo. Por más que creas que eres lo suficientemente bueno y fuerte para lograr tus metas, lo lógico es que des un solo paso a la vez.

Medicamentos para la depresión

Los medicamentos para la depresión son un asunto serio, porque son medicamentos fuertes que afectan el funcionamiento de tu cerebro. No deben tomarse a la ligera y algunos incluso son adictivos. Existe una razón por la que todos los medicamentos antidepresivos están estrictamente controlados. Deben tomarse solo bajo la supervisión de un médico.

Sin embargo, no todo el mundo quiere recurrir a los medicamentos para la depresión en busca de alivio. Cada persona debe trabajar con su profesional de la salud para determinar qué curso de tratamiento es el adecuado para su situación. Algunas personas prueban primero todas las demás formas de tratamiento, mientras que otras comienzan un tratamiento combinado de medicación y terapia. Estas otras terapias pueden incluir terapia de grupo, terapia cognitiva y conductual e incluso terapia de autoayuda, por nombrar algunas.

Entonces, ¿cómo saber cuándo tomar uno de los medicamentos para la depresión es la elección correcta? Lo primero que considerarán la mayoría de los médicos es cuánto tiempo vienes acarreando tu depresión y qué terapias has probado. Otros factores en la decisión de usar medicamentos para la depresión incluyen los valores religiosos, otros medicamentos que se toman actualmente, el embarazo y la propensión a la drogodependencia. Como puedes ver, puede ser una decisión muy compleja utilizar medicamentos para este oscuro estado.

En nuestra sociedad, con demasiada frecuencia vemos las drogas como una solución rápida para todo lo que nos aflige. Pero incluso si tú y tu médico deciden probar medicamentos, no funcionarán al instante. No existen soluciones rápidas para la depresión. Probablemente tendrás que tomar los remedios durante muchos meses y pasarán semanas antes de que notes un cambio en tu trastorno depresivo. Mientras tanto, debes continuar con cualquier otra terapia que estés utilizando actualmente para tratar tu malestar.

Una de las principales consideraciones para decidir el uso de medicamentos para la depresión es la gravedad del trastorno. Si tienes una condición bipolar o estás deprimida al menos 2 horas al día, tienes una depresión severa. Si tu depresión te impide trabajar y te crea otros problemas serios en la vida, es posible que al principio se usen medicamentos. Lo bueno de los medicamentos es que se pueden detener en el futuro. Puedes tomarlo durante los meses que lo necesites y luego, a medida que funcionen otras terapias, o tu depresión disminuya, puedes dejar de tomarlos.

Los tratamientos distintos de los medicamentos para la depresión ofrecen un cambio en el pensamiento y en el estilo de vida a largo plazo. El uso de fármacos es una solución a corto plazo, excepto en los casos más graves. Cuando aprendes el diálogo interno positivo o pensamiento positivo, son técnicas que puedes usar en cualquier lugar.

Cuando usas medicamentos para la depresión, puede ser necesario probar más de uno para obtener la mejor combinación de ellos. También debes tener en cuenta que la mayoría de ellos tienen efectos secundarios, pero estos efectos secundarios son diferentes para cada persona. Esa es otra razón por la que necesitas la supervisión constante de un especialista.

Prueba de depresión

A veces puede ser difícil distinguir entre los altibajos emocionales normales que las personas experimentan como parte de la vida y la depresión. Pero cuando empieces a sospechar que deberías sentirse mucho mejor de lo que te sientes contigo mismo y con tu mundo, realizar una prueba de depresión puede proporcionarte una dirección importante.

La depresión no tiene una forma. Puede adquirir muchas en términos de síntomas y no hay dos personas iguales. Pero hay ciertos síntomas que ocurren con frecuencia y pueden servir como medida de tu estado emocional. Al menos, hacerse una prueba de depresión puede ayudarte a decidir si necesitas ver a un médico o no. Otro beneficio de utilizar una prueba de depresión como barómetro de tu estado emocional es que, si estás experimentando depresión, puede resultarte difícil definir tus síntomas.

La prueba de depresión es simplemente una lista de verificación de los síntomas que identifica como aplicables a tu situación. Puede ser sorprendente cuántas personas desconocen que tienen un caso leve de depresión o no se dan cuenta de cuánto ha cambiado su vida debido a la depresión. Hay tantas manifestaciones de depresión que es imposible enumerarlas todas.

La prueba de depresión puede ser utilizada por la persona que sospecha que está experimentando depresión o por familiares o amigos que no están seguros de cómo reconocerla en un ser querido. Es importante identificar la depresión lo antes posible, porque si no empeorará. La regla general es considerar si has experimentado varios de los siguientes síntomas durante más de 2 semanas.

- Pensamientos que tu vida está fuera de control
- Creer que tu vida no es importante
- Convencido de que nadie te extrañaría si murieras
- No puedes tomar ninguna decisión, ni siquiera las pequeñas.
- No anticipas nada en absoluto como algo agradable
- Sentirse avergonzado todo el tiempo
- Experimentar llantos frecuentes e inexplicables
- No puedes disfrutar de estar con amigos o asistir a eventos.
- Dejaste de hacer ejercicio
- Renuncias a las cosas que antes disfrutabas
- Evitas a las personas siempre que sea posible
- Te sientes solo todo el tiempo
- Ya no te gusta estar con la familia
- Sientes que nadie te entiende
- Pérdida del apetito
- Incapacidad de dormir o dormir demasiado
- Te sientes sin energía

La prueba de depresión puede incluir muchos más síntomas, pero esto te da una buena idea del tipo de cosas que deberías tener en cuenta. Como puedes ver en la lista, la depresión afecta mucho más que tus emociones. También puede afectar tu cuerpo y tus relaciones.

Una vez que realices la prueba de depresión, el siguiente paso es comenzar a rastrear los cambios de humor. Al crear un diario del estado de ánimo, ahora hay algo muy tangible y bastante convincente para mostrarle a un médico o terapeuta. También te proporciona una imagen clara de lo que está sucediendo y eso puede ser muy terapéutico en sí mismo.

Encontrar el medicamento adecuado para la depresión

En realidad, existe una amplia variedad de medicamentos antidepresivos para los distintos tratamientos. Los más populares son los que son inhibidores selectivos de la recaptación de serotonina o la variante ISRS, luego están los tricíclicos, mientras que la otra variante popular son los inhibidores de la monoaminooxidasa o IMAO. La variante ISRS es una alternativa mucho más segura que los tricíclicos, ya que tienen menos efectos secundarios.

Los ansiolíticos o sedantes nunca deben confundirse con medicamentos para la depresión. Aunque estos medicamentos contra la ansiedad a menudo se recetan junto con los medicamentos para la depresión, en realidad no ayudan a curar la depresión. Su mero propósito es ayudar a calmar los nervios, razón por la cual el paciente con depresión todavía necesita tomar medicamentos para ello.

En realidad, existen algunos efectos secundarios comunes en estos medicamentos, que generalmente provienen de la variedad tricíclica. Para algunas personas estos efectos no son de importancia, sin embargo, si se vuelven demasiado molestos, lo mejor es ir inmediatamente al médico e informar de ellos. Los efectos secundarios bastante comunes de los medicamentos para la depresión son los siguientes:

Sequedad de boca: Si se tiene la irritante sensación de no estar hidratado, lo mejor es tener siempre un poco de agua (limpia y potable) cerca para tener algo de beber cuando se presente la boca seca. También se puede mascar chicle sin azúcar y cepillarse los dientes después de cada comida, para contrarrestar los efectos.

Estreñimiento: Este malestar se cura comiendo e ingiriendo mucha fibra para ayudar a la digestión.

Visión borrosa: Este efecto suele pasar bastante rápido, pero si resulta ser demasiado molesto, consulta a tu médico de inmediato.

Dolores de cabeza: bastante común con los tipos más nuevos de medicamentos para la depresión, en realidad no es un gran problema y en realidad desaparece en un corto tiempo.

Insomnio: los usuarios primerizos de estos medicamentos pueden experimentar este efecto secundario, pero generalmente solo ocurre durante las primeras semanas de tomarlo. Pedirle a tu médico que reduzca la dosis del fármaco para la depresión en realidad puede ayudarte. Así como la hora del día en que lo tomas, en realidad puede tener algo que ver con tu problema para dormir.

Encontrar el tratamiento adecuado para la depresión

La depresión o la tristeza prolongada es bastante común en los Estados Unidos, alrededor del 9.5 por ciento de la población estadounidense realmente padece esta enfermedad, sin embargo, no todos llegan a ser tratados, por lo que la depresión y sus efectos nocivos continúan siendo una carga para algunas personas. Esta enfermedad puede parecer bastante simple de tratar, pero en realidad, se necesita más que un poco de ánimo para curarla. Las visitas constantes a un terapeuta cognitivo-conductual son obligatorias, además de tomar todos los medicamentos recetados que el médico pedirá al paciente que tome. Ninguno de estos medicamentos es precisamente barato, pero se deben comparar con el costo negativo que produce esta enfermedad en la vida de una persona, y los costos económicos y afectivos que conlleva.

La depresión a menudo puede interferir con las actividades diarias de un individuo y sus funciones normales, el entusiasmo por la vida puede disiparse rápida y fácilmente. Y en lugar de la disposición alegre, hay más o menos una persona que se odia a sí misma, que no tiene confianza en sí, y que intenta aislarse del mundo y, básicamente, simplemente no se preocupa por vivir. Más aún, una persona que sufre de depresión no es la única que va a sufrir esta enfermedad destructiva, sus seres queridos seguramente seguirán su ejemplo. Al ver al individuo crecer a través de esos momentos difíciles, básicamente sin preocuparse por nada ni por nadie, es muy probable que no solo se deprima la relación con uno mismo, sino también con sus seres queridos.

El tratamiento de la depresión en realidad comienza cuando el paciente reconoce abiertamente su enfermedad, simplemente siendo honesto consigo mismo.

Desde varios medicamentos (como el tratamiento antidepresivo Zoloft para la depresión) hasta todo tipo de psicoterapias que prometen ser el mejor tratamiento para la depresión, el paciente, así como su familia, seguramente obtendrán los mejores resultados positivos.

La psicoterapia, un tipo popular de tratamiento para la depresión, se compone de sesiones de terapia a corto plazo, por lo general de diez a veinte semanas, que derivan en resultados positivos para el paciente con depresión. Este tipo de tratamiento realmente ayuda al individuo, haciéndolo poco a poco abrirse sobre sus sentimientos, ahondar sobre la raíz de sus problemas, más aún, la raíz de su depresión. Los intercambios verbales saludables entre el terapeuta cognitivo-conductual y el paciente con depresión son de gran ayuda, ya que le permite discutir y hablar sobre lo que ha estado guardando dentro.

Varios medicamentos que están disponibles para el tratamiento de la depresión son realmente excelentes para ayudar al paciente a regular sus cambios de humor, ayudarlo a dormir mejor y ser más agradable con los demás.

La depresión no debería ser algo a lo que la gente tema, en cambio, las personas con esta afección deberían empezar a tomar las riendas de su vida y realmente enfrentar esta enfermedad y luchar contra ella. La vida es un regalo demasiado hermoso como para desperdiciarlo y si uno pasara la mayor parte de su vida simplemente abatido por cada pequeña cosa, ¿qué tipo de vida sería esa? Puede que la depresión no mate el cuerpo de uno, pero ciertamente matará el espíritu si se lo permite. No seas una víctima.

Maníaco depresivo

La depresión maníaca es un trastorno que también se denomina trastorno bipolar o enfermedad maníaco-depresiva. Es un trastorno del estado de ánimo, pero es uno de los extremos. El término depresión maníaca proviene de la palabra manía, que se refiere a los altibajos extremos que experimenta alguien. El trastorno bipolar no mejora por sí solo y debe tratarse. Se están realizando numerosos estudios de investigación médica en el área de la depresión maníaca, pero los tratamientos actuales a menudo incluyen medicamentos.

Con la depresión, experimentas principalmente sentimientos bajos. Con la depresión maníaca experimentas estados de ánimo extremos que van desde la depresión más eufórica hasta la más profunda. Durante la etapa eufórica, la persona está muy feliz y nerviosa. La capacidad de atención es corta, el sueño es difícil y se complica la concentración. Pero uno de los síntomas más angustiantes durante esta etapa eufórica es la pérdida del buen juicio y el deseo de ser imprudente. Una persona durante esta etapa puede cargar todas las tarjetas de crédito, apostar todo su dinero o participar en negocios riesgosos o decisiones sexuales que en otro contexto no haría.

Durante la etapa de depresión maníaca, una persona experimentará profundos sentimientos de tristeza y culpa. La vida se vuelve desesperada y pueden comenzar los pensamientos suicidas. La persona tiene poco interés en las actividades y puede dormir mucho o muy poco.

Por supuesto, todos son diferentes. Los altibajos de euforia y depresión pueden ser bastante leves en algunos casos, pero el comportamiento durante estos períodos puede ser devastador para una familia. Un maníaco depresivo puede causar un gran problema financiero e interpersonal entre los integrantes. Desafortunadamente, las personas con depresión maníaca también pueden experimentar cambios de humor en períodos cortos de tiempo. Incluso es posible experimentar euforia y depresión al mismo tiempo.

Hay muchas cosas diferentes que pueden desencadenar episodios de depresión maníaca. Incluyen el uso de drogas y una experiencia traumática como la muerte de un familiar. Existen varios tratamientos que se utilizan para el trastorno bipolar. Uno de los más comunes son los medicamentos recetados que estabilizan el estado de ánimo o sirven como antidepresivos. Otro tratamiento común son las sesiones de asesoramiento con un terapeuta. Un terapeuta puede ayudar a una persona con depresión maníaca a identificar cuando están a punto de ocurrir episodios de euforia o depresión. El objetivo es determinar si hay ciertas cosas que causan que ocurran los episodios. Existen otros tratamientos, pero esos son los más comunes.

Es importante comprender que la depresión maníaca es un trastorno grave que requiere atención médica. Pero incluso mientras está bajo el cuidado de un médico, el tratado debe asegurarse de tomar sus medicamentos con regularidad y estar consciente de lo que le está sucediendo emocional y mentalmente. Aunque la investigación parece indicar que este trastorno se produce debido a neurotransmisores defectuosos, no se sabe con certeza. La depresión maníaca es un problema complicado que requiere atención.

Depresión post-parto

La depresión posparto ha sido un trastorno que la sociedad ha tenido dificultades para aceptar. Después de todo, cuando se tiene un bebé, solo debería traer una gran felicidad a la vida. Sin embargo, estar embarazada y tener un bebé también es un momento en el que el cuerpo pasa por un estrés enorme y las hormonas se producen en cantidades excesivas. En la mayoría de las mujeres esto puede causar algunos cambios de humor menores e impredecibles, pero en otras es muy posible que genere depresión posparto.

Aunque las hormonas son las sospechosas, todavía no hay pruebas definitivas de que las ellas sean las únicas culpables. La depresión posparto es un trastorno muy grave que afecta a las mujeres a las pocas semanas de dar a luz. Para algunas parturientas, la depresión comienza después de solo unos días.

La depresión posparto se hace evidente cuando la nueva madre tiene dificultades para aceptar la responsabilidad del nuevo bebé. Puede haber falta de interés en el bebé o irritación rápida cuando el bebé llora. Otros síntomas de la depresión posparto son los siguientes.

- Incapaz de dormir
- Sentimientos de insuficiencia
- Agotamiento
- Incapacidad para hacer frente al cuidado del bebé.
- Abatimiento

El hecho interesante es que una mujer completa un embarazo sin signos de ansiedad y luego desarrolla depresión posparto después del nacimiento. Algunos casos de depresión posparto son graves e incluyen llantos frecuentes e inexplicables e incluso pensamientos suicidas. La nueva madre tiene problemas para funcionar y parece que no puede completar las tareas más pequeñas. Además, algunas mujeres muestran desinterés por el bebé.

Es un tema desagradable, pero se ha determinado que la depresión posparto es la causa de que una madre hiera al bebé o a sus hermanos. En los casos más graves, puede convertirse en psicosis. Una psicosis significa que la mujer probablemente está alucinando o ha perdido el control de la realidad. En muchos de estos casos llevados a los tribunales, la nueva madre afirma que escuchó voces que le decían que el bebé o sus otros hijos debían ser asesinados.

La única razón por la que se habla de esto es porque es importante comprender que la depresión posparto es muy real y debe tratarse. Ignorar el trastorno no lo hace desaparecer. Afortunadamente, existen tratamientos que funcionan bien. En la mayoría de los casos, el médico prescribe la medicación.

Si sospechas que tú o alguien que conoces tiene depresión posparto, debes consultar a un médico de inmediato. La mayoría de las mujeres experimentarán una leve depresión después del nacimiento de un bebé debido al cambio de hormonas o al darse cuenta de que este niño es ahora una responsabilidad continua. Antes de que nazca un bebé, las mujeres reciben mucha atención por parte de familiares y amigos. Una vez que llega el bebé y la madre está bien, la atención se detiene y comienza el trabajo. Pero la depresión posparto es un trastorno grave que debe tratarse antes de que los síntomas empeoren.

Depresión psicótica

En términos generales, la depresión psicótica es tan grave como la depresión puede llegar a ser. Es una forma de depresión mayor en la que se pierde el contacto con la realidad. Desafortunadamente, la tragedia puede ocurrir a menos que otros sepan lo que está pasando por tu mente. Cualquiera que vea las noticias ha visto a madres procesadas por matar niños porque "Dios dijo que tenía que hacerlo porque estaban poseídos". En otros juicios sensacionales, el diablo ha "hablado" a la gente y les ha dicho que cometan actos impensables o violentos.

La depresión psicótica tiene varios síntomas comunes. Incluyen lo siguiente.

•   Escuchar voces

- Pensamiento delirante
- Alucinaciones
- Paranoia
- Despersonalización

Cuando tienes depresión psicótica, tu realidad es diferente a la de los demás. Puedes creer que los extraterrestres están hablando contigo por tu teléfono celular. O crees que las voces que escuchas te están diciendo que te hagas daño. Evidentemente, no debes intentar tratar este tipo de depresión por tu cuenta. El tratamiento probablemente requiera hospitalización y, sin duda, medicación.

Hay un nuevo tipo de medicamento que se usa en casos de depresión severa. Se llama antipsicótico atípico. Han funcionado en casos en los que los ISRS y los tricíclicos no han demostrado su eficacia. Ésta es una buena noticia para quienes padecen depresión psicótica, porque a menudo ayudan a quienes padecen las formas más graves de depresión. Desafortunadamente, tienen muchos efectos secundarios posibles. Una persona que toma uno de estos medicamentos debe ser monitoreada en todo momento. Los efectos secundarios incluyen los siguientes.

- Tics faciales
- Aumento de peso
- Problemas de movimiento
- Hipertensión
- Visión borrosa

Esta no es una lista completa, pero te da una buena idea del tipo de efectos secundarios que las personas están experimentando como resultado del uso de antipsicóticos atípicos. Desafortunadamente, cuando una persona tiene alucinaciones o se ha vuelto suicida, el uso de medicamentos es necesario incluso con los efectos secundarios desagradables. La depresión psicótica es un trastorno muy grave que no puede esperar a que se descubra el tratamiento perfecto. La buena noticia es que los investigadores médicos buscan constantemente tratamientos alternativos para ella.

El tratamiento para la depresión psicótica será largo y complicado. Esto no es algo que se pueda manejar fácilmente, por lo que debe ser tratado por un médico. Cuando alguien es psicótico, no puede controlar su propio tratamiento hasta que alcance un cierto nivel de plenitud mental.

Si tú o alguien que conoces experimenta alguno de los síntomas enumerados anteriormente, es imperativo que busque tratamiento de un profesional. Aunque es un trastorno complicado, es tratable la mayor parte del tiempo. Es probable que el médico le recete medicamentos además de otra terapia, como la terapia de grupo o la terapia cognitiva. Nadie necesita sufrir este trastorno solo cuando hay tantas formas de tratar la depresión psicótica.

Signos de depresión

Hay tantos signos diferentes de depresión que significa que a veces continúa hasta que las indicaciones forman un patrón. Pero cuanto antes reconozcas la depresión en ti o en otra persona, antes podrás recibir tratamiento. La depresión debe tratarse, ya sea leve o severa, o algo entre los extremos. La depresión no desaparece por sí sola y solo empeorará.

Hay algunos signos básicos y comunes de depresión. Incluyen lo siguiente.

•   Sin sentimientos de autoestima o baja autoestima
•   No le gusta estar cerca de otras personas, lo que puede incluir a su familia.

- No anticipa hacer nada, incluidos eventos agradables.
- Falta de concentración
- Sentimientos de desesperanza
- Sentimientos de tristeza permanentes
- Pensamientos suicidas
- Incapacidad para tomar decisiones.

Una persona puede tener uno o más de estos signos de depresión. Es natural sentirse triste durante unos días o tener días estresantes. Es normal tener algunos días en los que la vida puede parecer un poco más difícil de lo que se ree que debería ser. La depresión es algo completamente diferente. No es natural sentir que no vales nada o que las personas en tu vida no te extrañarían si desaparecieras. No es normal estar triste por más de dos semanas sin dejar de experimentar fatiga constante y falta de interés en todo lo que te rodea.

Los signos de depresión pueden ser muy notorios en muchos casos. Alguien que está deprimido puede llorar mucho sin razón aparente. En casos graves, una persona puede negarse a levantarse de la cama. En casos más leves, la persona puede no ser capaz de tomar la decisión más simple o sentirse constantemente culpable por algo. Las personas con depresión pueden tener problemas para funcionar en el trabajo o en casa.

Es posible que otros signos de depresión no sean graves y sean más difíciles de identificar. Por ejemplo, puedes experimentar depresión provocada por un evento como la pérdida de un ser querido, un divorcio, o la pérdida de un trabajo. Puede ser un verdadero shock y no todo el mundo puede adaptarse bien. Puede parecer que aún funcionas normalmente, pero los signos de depresión están ahí. Puedes llorar en los momentos más inesperados o comenzar una espiral de abatimiento que eventualmente te incapacita para funcionar.

Por otro lado, el trastorno bipolar tiene síntomas muy evidentes. Mientras se mantiene un estado eufórico, se hace evidente un comportamiento extraño, como tomar una decisión obviamente tonta y dañina. Mientras existe un estado depresivo, la persona se siente desesperada y toda la actividad frenética se detiene. Esto sucede una y otra vez e incluso puede suceder en un día.

La clave para identificar si alguien está deprimido es observar patrones o un empeoramiento continuo de los síntomas sospechosos. Si esto continúa por más de 2 semanas, se debe buscar ayuda profesional para ti, tu amigo o familiar.

Los síntomas reveladores de la depresión

Las personas que pueden estar sufriendo de depresión o trastornos maníacos en realidad exhiben o muestran todos y cada uno de los síntomas de depresión que los médicos le dirán que tienen las personas deprimidas. A veces, en realidad, es bastante fácil pasar por alto estos síntomas y no ser capaz de ayudarse a sí mismo o a otros que sufren de depresión.

En realidad, hay muchos síntomas de depresión que las personas deprimidas pueden poseer, pero no tienen que sufrir todos y cada uno de ellos antes de ayudarlos a ser diagnosticados y tratados por esta enfermedad. Además, dado que los síntomas de la depresión en realidad varían, el momento de sus "ataques" también varía.

A continuación, se muestran algunos ejemplos comunes de síntomas de depresión.:

• Un período prolongado de tristeza o no sentirse "a la altura", las personas que la rodean. Siempre se sienten mal. Que prefieren andar deprimidos por la casa y sentir lástima por uno mismo.

• Se siente desesperado, pesimista perenne: habla de sentir lástima por uno mismo. Otro síntoma común de la depresión es cuando una persona realmente siente que no tiene nada que esperar en su vida. En cuanto a ser el perenne pesimista, quienes muestran este síntoma de depresión suelen ser muy negativos sobre las cosas, y les vine a la mente la sensación de desesperanza.

• Culpa, pérdida de autoestima e impotencia: otros síntomas de depresión que se pueden ver fácilmente en las personas que prefieren estar deprimidas durante todo el día. Siempre que una persona sienta ser tan culpable por algo lo convierte en una persona muy triste que considera que no merece ser feliz. Por lo tanto, se da la pérdida de autoestima. La impotencia también contribuye a la depresión, cuando se asume que las cosas no saldrán a su manera, ya es un dicho claro que no tiene absolutamente ninguna esperanza en su cuerpo y mente.

• No le interesa encontrar o disfrutar del placer; simplemente dejar los pasatiempos y las otras cosas que solía disfrutar: este síntoma revelador de la depresión solo muestra cuán deprimida puede estar una persona, si uno está realmente demasiado triste para disfrutar incluso de las mismas cosas que ama, entonces a esa persona le falta algo seriamente, más bien, esa persona bien podría haber contraído el virus de la depresión.

• Fatiga, siempre cansado: las personas que sufren de depresión han perdido cualquier interés en la vida que pudieran haber tenido antes, en realidad carecen de energía física en todo momento, si uno prefiere simplemente estar deprimido, probablemente ni siquiera comerá. Si no duerme lo suficiente, una persona deprimida puede estar en camino no solo a una enfermedad mental, sino que la depresión también puede ser terrible para la salud física.

• Tener problemas para concentrarse, tener mala memoria y ser indeciso: una persona que sufre de depresión delata fácilmente este síntoma revelador de depresión. En el que la falta de interés de uno con respecto al mundo exterior o casi cualquier cosa puede llevar a la incapacidad de esa persona para perder la pista de las cosas y, en realidad, no poder recordar cosas que sucedieron o lo que otras personas dijeron. La falta de interés en realidad hace que las personas deprimidas sean muy desatentas.

En realidad, hay más síntomas de depresión que pueden ayudarte a ver si una persona (o tú) necesita ser llevado al médico para obtener ayuda cuando se trata de depresión: falta de sueño, dormir demasiado o despertarse a altas horas de la noche. La pérdida del apetito o comer demasiado pueden mostrar la falta de entusiasmo por la vida. Estar cansado de los comportamientos de quienes los rodean. Ser suicida, hablar de la muerte, de querer morir es otro indicio claro de que esa persona está deprimida. Estar inquieto e irritable y síntomas físicos que generalmente son provocados por una mala salud mental, como dolores de cabeza, trastornos digestivos y diversos dolores corporales.

Depresión en adolescentes

A veces, los adolescentes pueden ser difíciles de interpretar porque tienen muchos altibajos normales a medida que se convierten en adultos. Pero la depresión adolescente es un problema creciente como lo demuestra el aumento en el número de suicidios entre jóvenes. Tampoco es inusual escuchar a los padres de adolescentes involucrados en actos violentos en las escuelas decir que sus hijos habían estado deprimidos. Pero a veces es difícil diferenciar entre la variabilidad emocional normal debida a cambios hormonales y la verdadera depresión.

Como padres de adolescentes, es importante estar atentos a los cambios de comportamiento que no tienen sentido y parecen empeorar a medida que pasan los tiempos. Por ejemplo, los adolescentes que siempre han disfrutado de estar con amigos y luego de repente dejan de socializar pueden estar experimentando depresión. La pérdida de interés en las actividades es uno de los principales signos de depresión. La depresión adolescente también puede manifestarse de otras formas.

• Pérdida de interés por las actividades deportivas cuando los deportes siempre han sido importantes.
• Caídas repentinas en las calificaciones en la escuela
• Cambio en los hábitos alimenticios, como pérdida de apetito o atracones hambrientos
• Comentarios que indican baja autoestima
• Fluctuaciones repentinas en los estados de ánimo

Sería bueno que un adolescente simplemente les dijera a sus padres exactamente lo que está pensando y sintiendo, pero eso a menudo no sucede. En cambio, los padres deben ser muy conscientes del comportamiento inusual que indica que algo no está bien en la vida de su hijo.

Hay estudios médicos en curso que intentan encontrar razones físicas para la depresión adolescente. Se ha encontrado una correlación entre la obesidad y la depresión. Eso solo tiene sentido si se consideran los síntomas de la depresión en los niños. Por ejemplo, un niño obeso puede tener sentimientos de baja autoestima debido a las burlas de sus compañeros. Los adolescentes que están deprimidos pueden comer mucha "comida reconfortante" en busca de consuelo para sus sentimientos de aislamiento. Los adolescentes también pueden tener problemas en la escuela y no decírselo a los padres en casa.

Los adolescentes pueden ser seres humanos muy sensibles. Los años de la adolescencia son años formativos, y cuando ocurren problemas de socialización, pueden ser muy desmoralizantes. Además, los cambios repentinos de humor también pueden indicar que hay otro problema en la vida del joven. Si un muchacho o chica está siendo abusado física o sexualmente, la depresión adolescente puede ser la respuesta.

Identificar la depresión adolescente puede ser difícil, pero nunca imposible. Cuando sospeches que tu hijo puede estar experimentando depresión, primero debes intentar hablar con él. Si el adolescente no quiere hablar contigo, es posible que te convenga una terapia profesional. Es importante que se instituya algún tipo de tratamiento, porque la falta de autoestima puede ser devastadora. La depresión se profundiza y no desaparece una vez que llega a la edad adulta. Tu adolescente puede convertirse a continuación en un adulto deprimido.

¡Por supuesto, uno de los mejores tratamientos que puede darle a su hijo es siempre mucho amor!

Resumiendo los tratamientos para la depresión

Existen muchos tratamientos para la depresión y, por lo general, se usa más de uno a la vez. Los tratamientos más comunes en la actualidad incluyen los siguientes.

*	Terapia cognitiva

- Terapia de grupo
- Medicamentos
- Terapia de comportamiento
- Terapia interpersonal

La mayoría de los tratamientos para la depresión incluyen llevar un diario como primer paso e incluso un registro de actividades cuando la depresión es lo suficientemente grave como para impedir realizar actividades críticas. Un registro puede ser una herramienta importante tanto para ti como para tu terapeuta a fin de identificar los desencadenantes de la depresión. También puede ser una buena manera de volver a encarrilar tu vida.

Uno de los beneficios de utilizar diarios y bitácoras en los tratamientos para la depresión es que te obliga a emprender una actividad para mejorar tu vida. Esto puede ser muy importante cuando la depresión ha interferido con tu capacidad para pensar o funcionar normalmente. Por ejemplo, si llevas un registro de lo que sientes y de tus pensamientos, será más fácil identificar el pensamiento negativo que se sale de control. Un diario puede revelar cosas como sentimientos de fracaso o ansiedad. Con la identificación de los pensamientos, un terapeuta puede ayudarte a buscar la causa de la falta de autoestima.

Un registro de actividad es un registro útil durante cualquiera de los tratamientos para la depresión para realizar un seguimiento de lo que debes hacer en tu vida para mantenerte encaminada. Las personas con depresión a menudo deciden que ya no les importa nada ni nadie. Desafortunadamente, esto puede tener graves consecuencias si no paga las facturas o deposita dinero en su cuenta bancaria. Algunas personas con depresión se descuidan simplemente. Descuidan tareas importantes como recoger a los niños en la escuela. Incluso pueden decidir qué comer es demasiado problema. Es por eso que algunas personas con depresión pueden tener una pérdida de peso repentina y severa.

Cuando las personas se deprimen, la mente se concentra en pensamientos oscuros y profundos que suelen ser autocríticos. Si te dices a ti misma que no puedes hacer nada bien, el siguiente pensamiento lógico es: ¿por qué intentar? Así es como funciona la depresión. Se vuelve cada vez más profunda si no se trata. A excepción de los medicamentos, los tratamientos para la depresión ayudan a las personas a cambiar sus patrones de pensamiento para que se vean a sí mismos como capaces y positivos.

Es difícil para alguien que nunca ha tenido depresión comprender cuán profundo puede llegar a ser el agujero mental. Cuando se lleva un diario o un registro de actividades, se puede aprender a establecer metas simples que sean fáciles de cumplir. El lento descenso hacia el agujero negro se invierte para que pueda comenzar el ascenso hacia la luz. Se hace paso a paso. No existe una cura instantánea para la depresión. Incluso la medicación necesita tiempo para hacer efecto.

Capítulo 3
El camino hacia
el pensamiento positivo

Nuestras actitudes mentales actuales son hábitos, reunidos a partir de la retroalimentación de los padres, conocidos, la sociedad y el yo, que forman nuestra autoimagen y nuestra imagen del mundo.

Estas actitudes mentales se mantienen mediante las conversaciones internas que mantenemos perpetuamente con nosotros mismos, tanto consciente como inconscientemente.

El primer paso para alterar nuestras actitudes es alterar nuestras conversaciones interiores.

¿Qué es exactamente el pensamiento positivo?

Remez Sasson (autor y creador del sitio web SuccessConsciousness.com) define el pensamiento positivo como una actitud mental que admite en la mente pensamientos, palabras e imágenes que conducen al crecimiento, la expansión y al éxito.

Se refiere a ella como una actitud mental que espera buenos y favorables resultados. Una mente positiva anticipa felicidad, alegría, salud y un resultado exitoso de cada situación y acción. Todo lo que la mente espera, lo encuentra.

Se han escrito muchos libros sobre el tema, se han realizado seminarios y la gente paga mucho dinero para asistir a estos eventos y comprar estos libros, esto solo refleja una cosa; las personas quieren alcanzar el éxito y son conscientes de que la única forma de lograrlo es teniendo una actitud positiva u optimista.

La palabra positiva en sí misma significa lidiar con los hechos, verlos de una manera positiva. Otros pueden decir que el pensamiento positivo siempre está mirando el lado positivo de cada situación, sin importar cuán desfavorable sea. El optimismo y la felicidad están asociados con pensadores positivos.

El pensamiento positivo es una habilidad que cualquier persona puede enseñar y adquirir; es una herramienta que puede ayudarte a alcanzar tus metas, plazos y sueños. Más tarde, Remez Sasson etiquetó el pensamiento positivo como el acto de revisar los procesos de pensamiento y las acciones personales para las áreas que necesitan mejorarse y para las áreas con implicaciones negativas, y luego usar las herramientas adecuadas para cambiar esos pensamientos o acciones de una manera positiva y orientada a objetivos.

Básicamente, el pensamiento positivo consiste en identificar los pensamientos negativos en tu mente, tratar con ellos, darte cuenta de las implicaciones negativas que pueden obstaculizar el éxito y eliminarlos de nuestra mente.

Con una actitud positiva, al fracaso puedes ralentizarlo, pero no impedirá que llegues a tu destino, que es el éxito.

Fortaleciendo tu confianza:

La confianza es 'la creencia en uno mismo y en los propios poderes o habilidades'. Este sentimiento puede confundirse fácilmente con el sentimiento de saber que eres mejor que los demás o que no te importa lo que los demás piensen, lo cual es una confianza incorrecta, no se trata de otras personas, se trata de ti mismo, cómo te ves, cómo te reflejas y cómo reconoces tu capacidad.

Seguridad en uno mismo

El primer paso para mejorar tu confianza es cortar esa voz interna en nuestra mente que te sigue diciendo que no es posible; bloquéala y comienza a preguntarte cuál es el peor escenario, por lo general no es tan malo como la voz. en tu cabeza. Después de experimentar algo que temías hacer por primera vez, te das cuenta de que no fue tan aterrador como pensabas.

El apoyo moral es una parte muy importante para fortalecer tu confianza, siempre confía en alguien que pueda ayudarte a sentirte mejor. Abrirte sobre tus miedos y sentimientos no solo te hará sentir mejor, sino que te dará otra visión de cómo te ven otras personas y escuchar a alguien que te diga que puedes hacer algo, puede darte un empujón extra para hacer algo.

A veces, intentar algo solo puede ser abrumador, por lo que puedes intentar encontrar una pareja que te motive; un buen ejemplo es trotar, cuando te sientas perezoso para ir a correr, tu pareja te llamará y esperará verte en un lugar para hacerlo, esto te ayudará a comenzar en cualquier proyecto en el que desees participar.

Siempre considera el hecho de que, si otros pueden hacerlo, tú como persona también puedes hacerlo, solo requiere que des un solo paso para comenzar un viaje y se vuelve más fácil a medida que avanzas.

Visualización

La visualización se refiere a pronosticar el futuro mediante la construcción de una imagen o escenario imaginario en tu mente y esa imagen del escenario se refleja en el logro de una meta o fecha límite. Las visualizaciones son una parte importante del viaje cuando se trabaja hacia algo porque te mantienen motivado.

Ver un producto terminado o un logro en tu mente te da la necesidad de querer trabajar más duro para alcanzar ese objetivo. Sin visualización, puedes dudar de lo que realmente estás haciendo, de lo que quieres al final, y puedes perder el enfoque del verdadero significado del por qué estás trabajando para lograr algo.

Además de mantenerte motivado, las visualizaciones pueden señalar posibles problemas futuros con aquello que estás proyectando.

Si una mujer joven está trabajando hacia una carrera en el modelaje, puede darse cuenta de que necesita mantener su cuerpo en un cierto tamaño para que no interfiera con su carrera, por lo que ya comienza a cambiar sus hábitos alimenticios y comienza a hacer más ejercicio.

Aunque es solo un sueño en este momento, ella comienza a trabajar para hacer realidad ese sueño eliminando cualquier objeto posible que se interponga en su camino para hacerlo realidad.

Visualizar tu sueño hecho realidad te facilita trabajar para lograrlo; mantiene viva en ti la necesidad de logros.

A veces después de visualizar algo te das cuenta de que en realidad no lo quieres y prefieres optar por otra cosa y esto te ayudará a no perder el tiempo en algo que no te traerá ningún nivel de satisfacción después de todo el esfuerzo invertido.

Tratar a las personas de la forma en que deseas que te traten a ti

La forma en que tratas a las personas que te rodean muestra el tipo de persona que eres. Se refleja en tu educación de fondo e incluso en tu propia personalidad.

La mayoría de la gente se refiere a esto como la regla de oro. Aparte de que esto es lo más básico para el ser humano, también es importante porque la vida es una rueda, no siempre estás arriba, puedes bajar en un momento dado y necesitar que alguien te ayude a subir.

Tratar a las personas con dignidad y respeto no solo las hace sentir bien y apreciadas, sino que también te hace sentir mejor contigo misma.

Cuando tratas a las personas de la misma manera que quieres que te traten a ti, construyes esta reputación y te vuelves conocida como una persona amable y simpática.

Puede que no te beneficie mucho tener una buena reputación, pero ayudará a las personas que te rodean a saber que pueden confiar y depender de ti y estar ahí para ti de la misma manera que tú lo estarías para ellos.

Este término se explica mejor en el marco religioso "Ama a los demás como a ti mismo". Esta declaración a menudo se enseña a los niños pequeños como una forma de hacerles entender que, si tratas bien a alguien, ellos también te tratarán bien a ti.

A medida que los niños entienden esto, también nosotros, los adultos, debemos entenderlo y si todos trataran a los demás de la forma en que quieren que los traten, el mundo en el que vivimos sería un lugar mejor.

Entrena tu cerebro para convertir lo negativo en positivo

Un ser humano tiene la capacidad de controlar su forma de pensar, tienes control total de cómo percibes cada situación en la que te encuentras. O lo aceptas y tomas la decisión de cambiarlo si no estás contento con eso o paralízate y siente lástima por ti mismo.

Siempre que algo sucede de la manera en que no lo pretendías, te sientes decepcionado o triste, la decepción se convierte fácilmente en ira o te sientes derrotado e impotente, sin embargo, esa es la elección personal de cada uno.

Cuando algo no funciona o no sucede, no significa que nunca sucederá, puede significar que no estás preparado para ello y que aún necesitas crecer y madurar como persona.

Es mejor siempre ver las cosas de manera diferente, cuando pierdas el autobús del trabajo o la escuela, siempre considera qué pasa si ese autobús va a estar involucrado en un accidente; si tus amigos se olvidan de invitarte a salir por la noche, no te sientas miserable, piensa en todas las cosas que desearías hacer y para las que nunca tuviste tiempo. La demora nunca es negación y la derrota no es fracaso, el fracaso no es levantarte para volver a intentarlo.

Cuando las cosas siempre pasan a nuestra manera nos vuelven egoístas y egocéntricos, por lo que los pequeños contratiempos nos ponen en alerta, nos señalan que somos falibles, y nos brindan sabiduría. Ten en cuenta que siempre hay un mañana en el que puedes volver a intentarlo

Acepta siempre las cosas que no puedes cambiar que te ayudarán a evitar decepciones, cambia las cosas que no puedes aceptar, ya sea trabajando más duro o recurriendo a la alternativa y siempre ten cuidado al saber la diferencia. Aprecia las pequeñas cosas de la vida antes de anhelar algo más grande, y de esa manera, sabes que la vida puede ser buena ante todos los otros grandes cambios y siempre espera menos o nada para evitar decepciones.

Ser positivo - Actuar positivo

Para tener resultados positivos hay que tener una actitud positiva, no hay forma de que una persona negativa logre resultados positivos. Actuar de manera positiva te da la esperanza de un mejor resultado, no puedes subestimar el poder del pensamiento positivo.

Tener una actitud positiva elimina todos los sentimientos de autocompasión que harán que dejes de intentar cualquier cosa que estés tratando de lograr.

Cuando siempre actúas de una determinada manera durante un largo período de tiempo, esa acción comienza a incrustarse en tu personalidad, lo que requirió mucho esfuerzo se convertirá en una acción refleja que surge de forma natural.

Siempre intentar ser positivo puede ser difícil al principio porque esa pequeña voz interna te dirá que no puedes hacerlo, pero cuanto más te ciñas a tener una actitud positiva y a ser positivo incluso en circunstancias negativas, se volverá más fácil y eventualmente se convertirá en parte de tu personalidad.

La mayoría de las personas se sienten negativas temprano en la mañana tan pronto como se despiertan y se dan cuenta de que tienen un día largo y agitado por delante, automáticamente se sienten desafiados e indefensos, ese es el momento perfecto para incorporar tu actitud positiva.

Cada mañana te despiertas y te aseguras que será un buen día y que tienes el control total sobre tu felicidad. Es posible que no tenga control sobre lo que sucede a lo largo del día, pero sí tiene control sobre su reacción a lo que sucederá.

Aunque es posible que tu día no sea lo que deseabas en lugar de enfadarte o incluso enojarte contigo mismo y sentirte como si hubieras fallado, simplemente relájate y comprende que hay otra oportunidad para volver a intentarlo mañana, incorporando estos cambios positivos en tu vida todos los días y controlando la forma en que reaccionas a cada situación a tu alrededor, al principio puede ser solo un acto de ser positivo, pero después en algún momento te darás cuenta de que ya no estás actuando, y que realmente mantienes una actitud positiva.

Se tolerante con tu propio progreso y el de los demás

Cuando intentas lograr un objetivo determinado en tu vida, puede ser porque conoces a alguien que logró aquello por lo que estás trabajando o puede ser alguien que todavía está trabajando para lograr lo mismo que tú.

El nivel de progreso en lo que sea que estés trabajando puede ser más lento que el de tu amigo, enemigo o archirrival. Esta situación puede ser un factor desmotivante, incluso puedes sentir que estás poniendo más esfuerzo que la otra persona, pero ellos han logrado más que ti.

Es muy importante ser tolerante con tu propio progreso y el de los demás porque compararse con otras personas puede desanimarte e incluso distraerte de lo que inicialmente se suponía que debías hacer.

Al hacer algo, puede ser porque deseas sentirte mejor al alcanzar tu objetivo y esto puede ser totalmente para ti; pero cuando comienzas a compararte con tus colegas, pierdes el único propósito de lo que pretendías hacer.

Además de perder el propósito del por qué estás haciendo algo, es posible que tampoco lo hagas lo mejor que puedas, porque no te concentras en lo tuyo, sino en lo que está haciendo tu competidor.

Esta actitud negativa impulsada por los celos te ralentizará aún más y tu competidor estará muy por delante de ti. Esto aumentará aún más los sentimientos negativos que tienes.

Es importante tolerar el progreso de otras personas y no conmovernos ni afectarnos, porque las personas son diferentes, tenemos capacidades diferentes y eso no significa de ninguna manera que la otra persona sea mejor que tú. Concentrándote en tus propios objetivos y en los logros te ayudarán a trabajar con mayor precisión dando a tu trabajo o lo que sea que estés haciendo más concentración produciendo mejores resultados.

Utiliza afirmaciones positivas diarias

Cada pensamiento que realizas, cada palabra que dices es una afirmación. Todo nuestro diálogo interno es una corriente de afirmaciones.

Estamos continuamente afirmando subconscientemente con nuestras palabras y pensamientos y este flujo de afirmaciones está creando nuestra experiencia de vida en cada momento. Esa voz que siempre escuchas por dentro y piensas que eres tú quien habla, esas son todas afirmaciones y son muy poderosas.

Ahora todos saben que la voz interna dentro de cada uno tiene lados positivos y negativos. El lado positivo es en el que debemos concentrarnos y empoderarlo para eliminar el negativo. Es una especie de lavado de cerebro solo para dejar la voz positiva en tu mente. Mucha gente pregunta si estas afirmaciones funcionan y cómo funcionan e incluso qué tan rápido impactan nuestras vidas.

Las afirmaciones sí funcionan y sobre todo las que más te gustan. Hay ciertas declaraciones que dices en tu mente que te hacen sentir bien, y empoderando esas, son las que mejor funcionan. Se ha demostrado que estas afirmaciones positivas funcionan rápidamente. Sin embargo, para algunas personas les puede parecer que se están mintiendo a sí mismas y esto es un signo de resistencia y esto muestra que les puede llevar un poco más de tiempo de lo planeado, pero la persistencia ayudará a acelerar el proceso.

No importa con qué aspecto de la vida estés lidiando o quién eres, las afirmaciones no solo te harán sentir mejor contigo mismo y con tu vida. Pero si se usan correctamente, pueden manifestar un cambio real en tu vida. Cambiando tu forma de pensar, reprogramando tu mente y eliminando las viejas creencias negativas que te han estado saboteando una y otra vez a lo largo de la vida. Así que comienza a cantar tus afirmaciones positivas hoy y acércate a obtener la vida que has deseado durante años.

Los peligros de pensar siempre negativamente

El pensamiento negativo puede tener efectos dramáticos en una persona, además de obstaculizar tu progreso y éxito, puede comenzar a afectar tu bienestar físico y, lo que es peor, comenzar a contagiarse a las personas que te rodean.

Los pensamientos negativos te impedirán lograr lo que deseas porque sientes que no puedes lograrlo y eres incapaz de hacer nada, también te harán sentir inútil y no querrás volver a intentarlo ni a hacer nada más.

Aparte de eso, si comienzas a sentirte inútil, comenzarás a descuidarte como persona y dejarás de preocuparte por cómo te ves y eso incluso comenzará a afectar tu salud. El estrés estará a la orden del día en tu vida si siempre te sientes negativo y eso puede causar migrañas.

Si tu actitud negativa comienza a contagiar a otras personas, entonces tienes una gran razón para preocuparte, porque si todos tus amigos o colegas sienten lo mismo que tú, entonces no todos podrán superar los sentimientos. Estar rodeado de personas negativas es muy peligroso porque no intentarán hacerte ver lo mejor de ti.

En lugar de animarte cuando estás deprimido, estarán de acuerdo contigo en que eres incapaz de ser mejor y que no puedes hacer nada positivo. Cuando estamos en un estado negativo no atraemos aquellos elementos que harían avanzar nuestra vida; más bien atraemos las circunstancias que nos ayudan a pensar que algo está mal y nos atascamos.

En pocas palabras, cuando seguimos pensando en negativo, atraemos emociones y eventos negativos. Así, cuando uno está en un estado negativo, todo parece ir mal. Este tipo de situación no te ayudará de ninguna manera y no puedes ser una mejor persona entre las personas negativas. Los pensamientos negativos son realmente peligrosos y deben eliminarse.

Palabras finales:

Haz un compromiso positivo contigo mismo, con la adquisición de conocimientos, trabajo, seres queridos, conocidos, naturaleza y otras causas que valgan la pena. Felicítate cada vez que logres algo. Sueña con el éxito Vuélvete entusiasta.

Mantén tu mente centrada en cosas importantes. Establece metas y prioridades para lo que piensas lograr. Imagínate practicando tus acciones. Desarrolla un esquema para tratar los problemas. Aprende a relajarse. Saborea los éxitos. Sé sincero contigo mismo.

No tengas miedo en lo que intentas. Cambia y mejora cada día. Haz tu mejor esfuerzo y no mires hacia atrás. Ve el aprendizaje y el cambio como oportunidades. Intenta cosas nuevas. Considera muchas opciones. Conoce nuevas personas. Haz muchas preguntas. Lleva un registro de tu salud física y mental. Se afirmativo.

Los estudios demuestran que las personas con estas características son las ganadoras en los buenos tiempos y las supervivientes en los difíciles. Además, aquellas que se propusieron modificar conscientemente sus conversaciones y suposiciones internas informan de una mejora prácticamente inmediata en su desempeño. Su energía aumenta y las cosas parecen ir mejor.

La dedicación, el control y el desafío ayudan a desarrollar la autoestima y promueven el pensamiento positivo.

¡Empieza hoy!

########